김의겸의 단심

김의겸의 단심

김의겸 지음

책을 내며

한겨레신문에 다닐 때 문화부장을 맡은 적이 있다. 나에게는 하루에도 십여 권이 넘는 책이 들어왔다. 여러 출판사에서 신문의 신간 소개를 위해 보내준 책들이다. 한동안 정리하지 않고 두면 책들이 금세 산을 이뤘다.

다들 애써 만든 책이겠지만, 내가 기사로 다루고 싶을 만큼 좋은 책을 만나기는 쉽지 않았다. 그 책더미를 보면서 이런 생각을 하곤 했다.

'왜 다들 이렇게 책을 내려고 안달일까? 무슨 각별한 의미가 있는 것도 아닌 것 같은데, 저런 책을 만드느라 도대체 얼마나 많은 나무가 베어져 나갈까?'

그런데 지금 내가 '그 짓'을 하고 있다.

자신을 돌아보는 것은 그 자체로 민망스러운 일이다. 자랑스러운 일보다는 감추고 싶은 장면들이 더 많이 떠오르기 때문이다. 게다가 그걸 세상에 드러내 보이는 건 웬만한 배짱이 아니면 힘들다.

그래도 변명을 조금 하자면 이렇다. 무엇보다 정치를 하는 사람으로서 우선 '나'라는 존재를 알리고 싶었다. 널리 알리는 것도 중요하지만 제대로 알리고 싶었다.

27년을 일했던 신문사를 떠나 몇 해 동안 청와대와 국회에서 일하면서 내 말과 행동이 거칠어졌다. 하지만 스스로 생각하는 것보다 내 모습이 훨씬 더 험하게 세상에 비치고 있다고 느낄 때가 많았다. 일그러지지 않은 모습으로 시민과 소통하고 싶었다.

기억에 의존해서 쓴 글이기에 사실과 어긋난 대목이나 착오가 있을 수도 있다. 그러나 진심을 담아보려 애썼다는 점을 말씀드리고 싶다.

책을 내면서 갖는 또 하나의 바람은 젊은 사람들에게 우리 세대의 이야기를 전해주고 싶다는 것이다. 특히 20~30대는 확실히 내가 속한 세대와 크게 다르다. 굳이 여론조사 지표 같은 걸 보지 않더라도, 주변의 젊은이들과 이야기를 나누다 보면 금세 서글픈 마음의 벽이 느껴진다. 심지어 내가 키운 아들과 딸과도 깊은 단절을 느낀다.

개인의 일기장도 역사의 한 페이지가 될 수 있다. 역사는 꼭 구조적인 측면이나 전체적인 관점에서 봐야만 파악이 되는 건 아니다. 오히려 한 사람의 작고 누추한 이야기가 제왕이나 궁정의 기록보다 한 시대를 더 잘 표현해주는 경우가 적지 않다.

글을 쓰면서 내 삶을 되짚어보니 의도하지 않았는데도 시대와 불화하며 생겨난 생채기가 적지 않게 남아 있었다. 나는 1960년대에 태어나 1980년대에 대학을 다녔다. 흔히 '86세대'라고 불리는 사람에 속한다. 86세대에 대해 이런저런 색안경을 끼고 바라보는 사람들, 특히 젊은 세대들에게 나와 우리 세대에 대해 조금이나마 이해를 구해보고 싶었다. 가장 좋은 방법은 논리적으로 설득하려고 하기보다는 우리가, 아니 내가 살아온 삶을 그대로 보여주는 것이라고 생각했다. 말하자면 이 책은 젊은 사람들의 방문을 톡톡 두드리는 노크다.

"내 얘기 좀 들어주지 않을래요?"

부끄러운 글이지만, 감히 읽어주시기를 간청드린다.

2023년 가을, 김의겸

차례

책을 내며 … 4

1장 고향을 물으신다면

고향이 경상도? … 13
아버지와 영어 … 19
'평생 교사' 어머니 … 26
세상의 그늘을 보여준 친구 … 33

2장 광주, 내 삶의 지진대

꼬깃꼬깃한 유인물 한 장 … 43
'오송회' 선생님들 … 52
야만의 시간 … 60

3장 서성이며 머뭇거렸던, 그러나 치열했던

    세 개의 '억지 감투' … 71

    징역의 날들 … 80

    어설픈 프레스공 … 90

    생계의 갈림길 … 97

4장 기자로서 지켜본 세상

    떨어질 때도, 붙을 때도 11등 … 105

    강기훈 유서 대필 조작 사건 … 110

    김대중의 완벽주의 … 121

    노무현만의 향기 … 130

5장 대통령을 끌어내린 남자

    하나의 질문 … 143

    꼬리를 밟다 … 149

    내부고발자가 열어준 진실의 문 … 156

    숨은 의인 … 162

    기자가 자랑스러웠던 순간 … 174

6장 청와대, 그 화양연화

돌고 돌아 대변인으로 … 181
남북 정상과 백두에 오르다 … 188
평화로 가는 길이 곧지 않아도 … 198
아베의 오래된 꿈 … 208
진심의 사람, 문재인 … 215
조국을 생각한다 … 222
새벽을 여는 630 브리핑 … 229
보수 언론과의 싸움 … 234

7장 정치라는 새길로

도전과 좌절, 그리고 행운 … 245
그의 면접 기록 … 254
전투 의욕이 생기는 이유 … 261

김의겸이 꿈꾸는 군산 … 267

1장

고향을 물으신다면

고향이 경상도?

한겨레신문 기자이던 2011년, 내가 쓴 칼럼에 이런 부분이 나온다.

난, 집 문을 나서면 바로 낙동강 백사장이 펼쳐지는 왜관에서 태어나 어린 시절을 보냈다. 나에게 고향은 '금모랫빛'이다. 쏟아지는 햇살로 바삭바삭하게 구워진 모래알들이 뿜어내던 그 눈부심. 입술이 파랗게 시리도록 멱을 감다가 모래 속으로 파고들면 모래 알갱이들은 살갗을 간질이며 따뜻하게 품어주었다.

강 건너 초등학교 선생님이었던 엄마는 사공이 젓는 나룻배를 타고 출퇴근을 했다. 해 질 무렵 강변에 앉아 하염없이 기다리노라면, 뱃전에서 손을 흔드는 엄마 뒤로 비껴선 노을조차 금모랫빛이었다.

당시 이명박 정부가 4대강 사업을 한다며 낙동강을 온통 헤집어놓은 꼴이 안타까워 그에 대한 비판을 에둘러 표현한 글이다. 지금 보니 다소 감상에 젖은 듯도 하다.

그런데 이 글 때문에 이후로 나는 종종 "고향이 어디냐?"는 질문과 마주해야 했다. 그나마 기자 시절엔 별문제가 되지 않았는데, 정치를 시작하면서 이 문제가 아주 민감한 사안이 되었다. 지역색이 첨예한 정치판이다 보니 내 고향을 물어오는 질문에서 은근히 독한 기운이 풍겨 나왔다.

사실 관계를 정리하면 이렇다. 아버지는 전라북도 진안군 출신으로, 평생을 미군 부대 군무원으로 일했다. 전라북도 전주시에서 태어난 어머니는 초등학교 교사였다.

두 분이 결혼해서 처음으로 신혼 생활을 시작한 곳이 바로 경상북도 칠곡군 왜관읍이다. 아버지는 총각 시절 서울과 부산 등지로 옮겨 다니며 군무원으로 일하다, 결혼 무렵에는 왜관의 '캠프 캐럴'로 배치받아 근무 중이었다. 어머니는 전주의 조촌초등학교에서 근무하다 아버지를 만나 왜관의 초등학교로 전근하였고, 거기서 나를 낳았다.

나의 지리적인 출생지가 경상북도 왜관인 건 맞다. 그러나 고향의 의미가 단지 지리적 장소 문제만은 아닐 터이다. 고향은 인간적인 감정과 정서와 의미가 깃든 장소이기도 할 것이다. 그렇다면 내 고향은 어디인가.

아버지는 젊은 시절 고향을 떠나 객지에서 직장생활을 했지만, 항

경상북도 칠곡군 왜관읍에서 태어난 나는
여섯 살까지 그곳에서 자랐다.

상 고향을 그리워했다. 그래서 당신의 고향에서 가깝고 미군 부대가 있는 군산으로 전근 신청을 냈다. 그게 받아들여져 온 식구가 군산의 금광동으로 이사 온 게 내 나이 여섯 살 때였다.

나는 이듬해 군산금광초등학교에 들어갔고, 군산남중학교와 군산제일고등학교를 다녔다. 이렇게 나는 군산에 깊이 뿌리를 내리고 자라난 사람이고, 누가 묻더라도 내 고향은 당연히 군산이다.

고등학교를 마친 내가 서울로 대학을 진학한 후에도, 부모님은 내내 군산의 금광동에서 살았다. 나는 서울에서 대학을 마치고 직장생활도 서울에서 했지만, 부모님을 뵈러 또는 친구들을 만나러 1년에 몇 번씩 군산을 찾았다. 결혼 뒤 애를 낳고는 염치없이 군산에 계신 어머니에게 맡기기도 했다. 그래서 내 아들도 유년 시절을 군산에서 보냈다.

어머니가 1960년대 초반에 전라도에서 경상도로 이주했을 때만 해도 영호남의 지역 갈등이라는 게 거의 없었다고 한다. 전라도 색시가 멀리까지 시집을 왔다며 김치도 담가주고 반찬도 나눠주며 인심이 좋았다고 한다. 그러니까 지역감정이라는 괴물이 아직은 우리 마음속에 내면화되지 않았던 시절이다.

경상도에서 군산으로 막 이사 온 지 얼마 되지 않았을 무렵, 경북고등학교 야구부가 군산상고로 와서 시합을 벌인 적이 있다. 나는 아버지 손을 붙잡고 구경을 갔는데, "경북고! 이겨라!"를 외쳐댔다. 그래도 아무도 신경 쓰지 않았다. 그게 하나도 이상하지 않은 시절이었다.

그러나 박정희 정권이 1970년대 들어 본격적으로 호남을 소외시키면서 영호남의 갈등은 한국 사회에서 지극히 민감한 문제가 되었다. 이후 지역주의가 선거 전략에서 활용됨으로써 지역감정은 마치 역사성을 지닌 의식인 것처럼 사람들의 마음속에 뿌리를 내리게 되었다.

내가 존경하는 군산제일고등학교 은사 이광웅 선생님은 언젠가 내게 이런 말씀을 하신 적이 있다.

"우리 전라도는 아직 해방이 안 됐어. 식민지 때처럼 여전히 값싸게 식량을 제공하고만 있지. 전라도가 해방돼야 이 나라가 진짜 해방이 되는 거야."

2018년 1월에 내가 청와대 대변인으로 임명되었을 때, 내부에서 "고향을 경상북도 칠곡으로 발표하자"라는 제안이 있었다. 문재인 정부에서 호남 출신들이 많이 기용되는 것에 부담을 느낀 것인지 한 명이라도 경북 출신으로 분류하고 싶었던 것이리라. 그러나 그럴 수는 없었다. 결국 '전라북도 군산 출신'으로 발표가 나갔다.

2023년 봄, 내가 군산에서 총선에 출마하겠다고 밝히자 당시 조선일보 기사의 제목이 이랬다.

「김의겸, 내년 총선 "고향 군산" 출마 선언…… 과거엔 경북 칠곡이라더니」

이렇게 늘 영남과 호남을 갈라치고 싶어 하는 세력이 있고, 그 맨 앞에 조선일보가 있다. 쉽게 확인해볼 수 있는 사실을 회피하고 지역주의를 악의적으로 활용하는 것이다.

김대중 대통령은 평생을 지역 대결 구도 때문에 고생했고, 노무현 대통령은 지역주의를 극복하기 위해 모든 것을 바쳤다. 그리고 문재인 정부에서는 마침내 지역 구도가 무너지는 듯했다.

하지만 윤석열 정부가 들어서며 다시금 옛날의 망령이 되살아나고 있다. 예컨대 새만금 잼버리의 파행을 온전히 전라북도 탓으로 돌리는 데서 그 검은 마음이 드러난다. 서글픈 역사가 반복되어서는 안 될 것이다. 고향이 어디냐고 추궁당하고, 장황하게 답변을 늘어놓아야 하는 일은 없어야 한다.

아버지와 영어

우리 집은 아버지의 '영어 실력' 덕에 배곯지 않고 살았다고 해도 과언이 아니다.

아버지는 전주농림학교를 졸업한 뒤로 더는 학업을 이어갈 수는 없었다. 가정 형편이 그랬다. 부모님이 일찍 돌아가시고 아버지는 형님 밑에서 지내다 한국전쟁 와중에 한 분뿐이던 형님마저 잃고 말았다.

손위로 누님 두 분이 계셨으나, 무슨 도움을 받을 만한 처지가 아니었다. 모두가 어렵게 살던 시절이었다. 아버지는 열예닐곱 살 때부터 누구의 도움도 받지 못한 채 사실상 혼자서 어지러운 세상을 헤쳐나가야 했다. 친척 집을 떠돌며 눈칫밥을 얻어먹기도 했고, 고아원에서 허드렛일을 도우며 잠자리와 끼니를 해결하기도 했다.

그런 떠돌이 같은 생활 속에서 아버지는 항상 바지 뒷주머니에

'콘사이스'를 꼽고 다녔다. 그 콘사이스가 닳도록 틈나는 대로 펼쳐봤다는 게 친척 어른들의 얘기다.

콘사이스^{concise}라는 명칭은 영한사전 이름에서 비롯되었다. 한국전쟁이 한창이던 1952년에 계몽사가 '영한 콘사이스'라는 사전을 출간했다. 아마도 휴대할 수 있는 크기의 소형 사전이라는 의미에서 그런 이름이 붙었을 터이다. 아무튼 그 사전의 영향력이 대단해서 사람들은 영한사전을 그냥 '콘사이스'라고 불렀다.

콘사이스와 더불어 아버지의 책은 온통 영어책이었다. 헌책방에서 무게로 재서 사다 놓은 '타임' 같은 잡지들의 과월호였다. 그것들을 혼자서 끙끙대며 무작정 읽으며 의미를 파악하는 게 아버지의 공부였다. 그야말로 '막고 품는' 식이었다.

아버지가 그처럼 영어 공부에 매진해야겠다고 마음먹은 건 전쟁 때의 경험 때문이었다. 전쟁이 터지고 아버지는 무작정 남쪽으로 피난을 가다 미군 폭격기와 전투기의 무시무시한 위력을 보았다. 앞으로 한반도에서 펼쳐질 미국의 영향력을 실감한 것이다.

마침내 미군에서 한국인 군무원을 뽑는 공채시험이 있었다. 아버지는 독학한 영어 실력으로 응시하여 합격했다. 군대에서 막 제대한 직후였다. 아버지가 배치받은 첫 직장은 서울역의 RTO$^{Railroad\ Transportation\ Office}$였다.

옛 서울역사 한쪽에 있었던 RTO는 미군과 한국전쟁 참전국들의

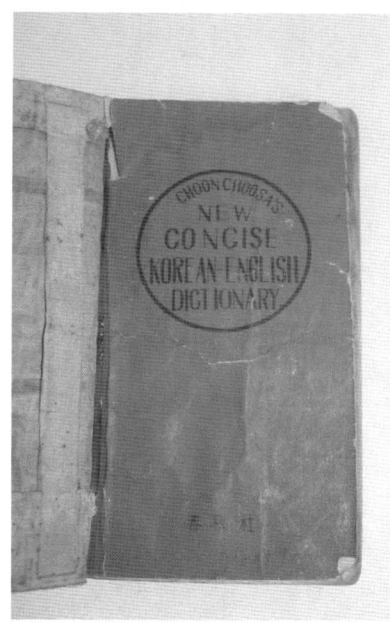

한 손에 들어오는 크기의 영한사전을
'콘사이스'라고들 불렀다.
아버지는 항상 바지 뒷주머니에
콘사이스를 꽂고 다녔다.

보급품을 실어 나르는 시설이었다. 그 뒤 아버지는 철도가 있는 지역의 미군 부대로 근무지를 옮겨 다녔다. 왜관에서 근무하게 된 것도 그곳에 철도가 지나기 때문이었다.

1969년에야 아버지는 군산의 미군 비행장에 정착하여 정년 때까지 일했다. 그러고도 아버지는 영어 공부를 손에서 놓지 않았다. 우리 집 텔레비전에서는 항상 2번 채널을 통해 주한미군방송(AFKN, 현재 명칭은 AFN Korea)이 흘러나왔다. 신문도 영자지 코리아 헤럴드를 구독했다.

그러나 아버지는 자식들에게는 영어 공부를 하라는 말씀을 한 번도 하지 않았다. 우리 네 남매에게 AFKN은 알아들을 수도 없고 재미도 없는 방송이었다. 마루에서 쌓여가는 영어 신문은 접어서 친구들과 딱지치기를 할 때나 쓸모가 있었다.

내가 중학교에 입학하여 처음으로 알파벳을 배우고 "아이 앰 어 스튜던트"를 배울 때였다. 집에서 영어 교과서를 소리 내어 읽고 있는데, 웬일로 아버지가 당신 앞에서 다시 읽어보라고 하시는 거다.

나는 학교에서 배운 대로 다시 읽었는데, 아버지가 고개를 저으며 발음을 교정해주었다. 뭔진 몰라도 아버지의 발음이 더 멋있게 들렸다. 내가 하는 건 '김치 발음'이고 아버지 영어는 '빠다 발음' 같았다고 할까.

다음날 학교에서 영어 시간이 되었다. 영어 선생님은 학생들을 지목하며 교과서를 한 문장씩 읽고 해석하라고 시켰다. 선생님은 늘 그런 식으로 수업 시간의 태반을 보내곤 했다. 머뭇거리거나 틀리는 순간이면, 등짝으로 매가 날아왔다. 그 폭력이 무서워 학생들은 영어 교과서 밑에 우리말로 발음을 적고 해석까지 달아놓고는 했다.

영어 선생님의 손가락이 여러 학생을 거쳐 나를 지목했다. 나는 일어나서 전날 아버지로부터 배운 대로 '빠다 발음'을 구사하며 문장을 읽었다. 칭찬까지는 기대하지 않았다. 하지만 선생님의 얼굴을 본 순간 뭔가 잘못되어가고 있다는 걸 느꼈다.

"김의겸, 너 지금 뭐 하자는 거야!"

갑자기 불호령이 떨어졌다. 선생님의 얼굴이 붉으락푸르락 달아오르더니 매를 들고 내 자리로 달려와 등짝을 사정없이 내려쳤다. 나는 영문도 모른 채 매를 맞고 자지러졌다.

억울했지만 뭐가 잘못되었는지 짐작은 갔다. 선생님은 평소 자신의 영어 실력과 발음에 일말의 열등감을 가지고 있었던 게 아니었을까. 그래서 내가 혀를 굴리는 발음을 구사하자 자신을 놀린다고 생각했을 것이다. 내게 가해진 매질은 구겨진 자존심의 앙갚음이었을 듯하다.

나는 그날 집에 돌아와서 아버지에게 불평을 늘어놓았다. 아버지는 한동안 묵묵히 내 말을 듣고 나더니 조용히 말했다.

"그래, 네가 원하지 않으면 영어 공부는 하지 않아도 된다. 평생 영어를 공부해봐야 미국 사람들 심부름밖에 더하겠냐. 너는 물리나 화학을 공부하여 우리나라에 제대로 기여할 수 있는 일을 해라."

이 말에는 아버지의 자존심이 담겨 있었다. 맡은 일을 아무리 열심히 하고 경험과 경륜이 쌓이더라도, 늘 미군에게 이래라저래라하는 지시를 받으며 일하는 데 불만이 있었던 모양이다. 그리고 자식들 앞에서 별 내색은 하지 않았지만, 평소 근무지에서 겪는 인종차별에 분개하곤 했다는 게 나중에 어머니로부터 들은 얘기다.

아버지의 자존심 때문에 우리 가족은 '아빠 찬스'를 누려보지 못했다. 당시 군산에서는 미군 부대에서 흘러나온 각종 '미제 물건'으로 지하경제가 돌아가던 시절이었다. 그 물품들은 주로 미군 부대 PX에서 빼돌려진 것들이었다.

아버지 동료의 아들 중에 내 친구가 있었다. 언젠가 그 친구네 집에 놀러 갔을 때, 집안 여기저기에 있는 미제 물건들을 보고 놀라고 부러웠던 적이 있다. 친구 아버지가 부대에서 가지고 나왔을 터였다. 하지만 우리 아버지는 도대체가 그런 법이 없었다.

세월이 흘러 한 친구가 아버지가 일했던 미군 비행장에서 근무하게 되었다. 그 친구가 아버지에 대한 평을 내게 전해 준 적이 있다.

"너희 아버지는 *꼬장꼬장하기*로 아주 소문난 분이야. 아버지 동료들이 뭐 좀 해 먹으려고 해도 너희 아버지 눈치가 보여서 해 먹지를 못했다더라."

아버지는 2013년 말에 돌아가셨다. 벌써 십여 년이 되어 간다. 아버지는 스스로에게도 엄격했지만, 자식들에게도 엄격했다. 그리고 장남인 나에게 기대가 컸다. 나는 그게 버거웠고, 그 때문에 아버지와 살갑게 지내지 못했다.

나이가 들어가면서 아버지의 삶을 되돌아보곤 한다. 고아, 전쟁, 생존……. 그 어느 것 하나도 쉽지 않을 역경을 아버지는 헤쳐 나왔다. 세상과 타협하지 않고 비굴하지 않게. 요즘은 길을 가다가도 문득문득 아버지가 그리워지고는 한다.

영어 공부를 하지 않아도 된다는 아버지 말에, 나는 정말로 영어 공부를 설렁설렁했다. 그렇다고 아버지 말씀대로 물리나 화학을 열심히 공부한 것도 아니다. 부족한 영어 능력은 나중에 대학입시와 취직, 그리고 기자 생활과 청와대 대변인 시절까지 따라다니며 나를 괴롭혔다. 대한민국에 사는 모든 사람의 고민일 것이다.

'평생 교사' 어머니

어머니는 지금의 전라북도 전주시의 덕진구 여의동에서 태어났다. 내가 어릴 때는 '동산촌'이라고 부르던 동네다. 나중에 커서 알게 되었는데, 동산촌이라는 지명은 일제강점기 때 붙여졌다.

당시 이 마을에 일본인 이와사키 하시야가 자기 아버지의 호 '동산東山'을 따서 세운 동산농사주식회사 지점(농장)이 있었다고 한다. 그런데 놀랍게도 동산이라는 호를 가졌던 이는 바로 일본 미쓰비시 재벌의 총수였던 이와사키 야타로다. 그전에는 '쪽구름'이라는 이쁜 이름의 동네였는데, 일본 식민지 정책에 적극적으로 협력했던 기업 창립자의 호가 동네 이름으로 자리 잡은 것이다.

일제강점기 당시에 호남과 전주 지역에서 생산된 쌀이 동산역에서 기차에 실려 군산의 뜬다리 부두로 갔고, 다시 배에 실려서 일본으로 넘어갔다. 어머니는 그 동산촌에서 가난한 농사꾼의 7남매 중 둘째

딸로 태어났다.

어린 시절 어머니네 집안 형편은 공부할 수 있는 처지가 못 되었다. 그런데 어머니 고집이 보통이 아니었던 모양이다. 학교를 보내달라고 몇 날 며칠을 울며불며 외할아버지와 외할머니를 보챘고, 기어코 전주사범학교에 들어갈 수 있었다. 그로 인해 외조부모의 희생이 컸을 것이다.

어머니의 집에서 학교까지는 30여 리의 길. 기차가 있기는 했으나, 기찻삯이 없는 데다 승차 시간을 맞추기도 힘들었다. 어쩔 수 없이 어머니는 사범학교 3년 동안 왕복 60여 리의 길을 걸어서 다녔다.

어머니는 새벽 네 시면 일어나 식은 밥을 물에 말아 먹고 집을 나섰다. 밤이 늦어 집에 돌아오면 온몸이 물 먹은 솜뭉치가 되어 절로 쓰러질 정도였다고 한다. 공부는커녕 학교에서 내준 숙제도 제대로 하지 못할 지경이었다.

다행히 어머니에게는 세 살 터울의 언니가 있었다. 언니는 초등학교밖에 다니지 못한 것이 한이었던지, 여동생의 학업을 자기 일인 양 팔을 걷어붙이고 나서서 도와주었다.

어머니의 언니인 그 이모는 조카인 나를 보면 늘 이렇게 말하곤 했다.

"네 엄마 사범학교 다닐 때 말이다. 나도 함께 다닌 것이나 진배없어. 매일 새벽에 네 엄마를 깨워서 밥 해주고, 주말마다 교복 빨아 주고, 또 학교에서 숙제로 내준 자수도 다 내가 대신 해주곤 했지."

그럴 때, 이모의 표정에는 자랑스러워하는 기색이 그득했다. 그러니까 가난한 시절 한 여자아이가 학교에 다니려면 적어도 자매가 온 힘을 합쳐야만 가능했던 일이었다.

어머니는 사범학교를 졸업한 뒤 자신이 졸업한 조촌초등학교로 발령이 났다. 그 학교에서 교사로 일하는 동안 어머니는 아버지와 맞선을 보고 결혼했다. 얼마 후 아버지의 직장 전근으로 경상북도 왜관으로 학교를 옮겨 왜관초등학교에서 아이들을 가르쳤다.

지금도 일하는 여성이 아이들을 키우는 건 큰 어려움이지만, 과거에는 더 그랬을 것 같다. 어머니는 자식들에게 젖을 먹이기 위해 직장 상사의 눈을 피해 다녀야 했다. 하나도 아니고 둘째, 셋째, 넷째로 아이가 늘었으니 오죽했을까 싶다. 결국 네 아이를 낳고 키우느라 어머니는 초등학교 교사를 그만두었다.

어머니는 학교를 그만두었어도 교사로서의 생활은 가정으로 이어졌다. 어머니는 자신이 어렵게 공부해서 그런지 나와 동생들의 교육에 각별한 정성을 쏟았다. 학교를 그만두자 먼저 첫째인 나에게 한글부터 가르치기 시작했다.

그때 어머니가 사용한 교재가 만화책이다. 어머니는 동네 만화방에서 책을 빌려와 나에게 무작정 읽어주었다. 나는 이야기의 힘에 빨려들어 혼자서도 만화를 읽고 싶어졌고, 그 욕구로 또래보다 일찍 한

당시 전주사범학교. 어머니는 사범학교에 다닌 3년 동안 왕복 60여 리 길을 걸어서 다녔다.

글을 깨쳤다.

 그 시절의 기억에 남아 있는 만화 중의 하나가 만화가 김종래 선생의 『엄마 찾아 삼만 리』다. 주인공이 겪는 고난과 역경, 그리고 의지가 빚어내는 스토리텔링은 내 마음을 온통 휘어잡았다. 이 만화는 나중에 '만화 시리즈' 우표로 제작되기도 했다. 그 우표를 보고 어릴 적 추억이 몰려왔던 기억이 새롭다.

 중학교에 진학해서도 어머니는 내 공부에 관심을 기울였다. 어느 날 중간고사를 앞두고 물상 과목을 공부하는데, 도저히 이해할 수 없는 대목이 나왔다. 당시 과학은 물상과 생물로 나뉘어 있었고, 물상은 물리와 화학을 다루는 과목이었다.

 내가 어려움을 호소하자 어머니가 물상 교과서를 들여다보았다. 그러나 교육 과정이 새로워진 물상은 초등학교 교사이던 어머니가 경험했던 세계가 아니었다. 그런데 어머니가 심상한 표정으로 말했다.

 "잠시 다른 과목을 공부하고 있어라. 금방 오마."

 어머니는 이 말을 남기고 물상 교과서와 참고서를 들고 나갔다. 서너 시간쯤 지났을까. 어머니가 돌아왔는데, 얼굴이 환했다. 혼자서 낯선 교과서와 참고서를 공부하여 스스로 터득한 것이다.

 "자, 내가 좀 쉽게 알려줄 테니 잘 들어봐."

 어머니의 설명을 듣고서 나는 막혔던 부분을 뚫어낼 수 있었다.

 더 놀라운 일은 다음 날 학교 물상 시간에 일어났다. 역시 그 문제의 대목은 나뿐만 아니라 친구들에게도 어려웠던 모양이다. 한 친구가 물상 선생님에게 그 부분에 대해 질문했다.

그런데 선생님은 제대로 설명하지 못했다. 나는 '우리 엄마가 알려주셨어요'라며 선생님 대신 설명하고 싶은 마음이 불쑥 일어났는데 참았다. 속으로는 엄마가 무척이나 자랑스러웠다.

어머니의 교육열은 손자한테로까지 이어졌다. 우리 부부가 첫 아이를 낳자 어머니는 기꺼이 손주를 떠맡아주었다. 염치없는 일이었지만, 부부 둘 다 일을 놓을 처지가 아니었다. 어머니에게 짐을 지운 것이다.

한 해가 가고 두 해가 가고 세 번째 해쯤 되었을까? 우리 부부가 군산으로 아이를 보러 갔더니, 애가 큰 소리로 책을 읽고 있었다. 아직 말도 제대로 못 하는 아이인데 책을 읽다니.『팥죽할멈과 호랑이』라는 그림책이었다.

나는 순간 '저 애가 천재인가?' 하는 생각이 들었다. 물론 나의 착각이었다. 어머니가 아이에게 하도 반복적으로 그림책을 읽어주니, 아이는 글자 한 자 모르면서도 습관적으로 그림을 보며 할머니 말을 따라 한 것이었다.

어머니는 노년이 되어서도 항상 뭔가를 읽고, 노트에 글을 썼다. 늘 궁금한 게 많아서 나를 만나면 이것저것 묻기 일쑤였다. 그럴 때마다 아버지는 핀잔을 주곤 했다.

"쓸데없이 그런 건 알아서 뭐 하려고?"

그래도 어머니의 공부는 돌아가실 때까지 쉼이 없었다. 나는 그런 어머니를 볼 때마다 미안한 마음에 휩싸였다. 어머니의 가르침과 달리 나는 너무 일찍 공부와 멀어지고 지적 호기심이나 탐구열이 식어 버렸기 때문이다.

세상의 그늘을 보여준 친구

소년기인 1970년대는 경제적 성장과 그로 인한 사회적 활력이 고조되던 때였다. 물론 한편에선 권위주의적 사회 분위기와 어려웠던 시절의 그림자가 드리워져 있었다. 그러니까 명암이 극명하게 공존했던 시절이었다.

그러나 그 시절에 대한 이런 시각은 내가 성장한 후의 것이다. 사실 당시의 나는 부모님 덕에 큰 어려움을 모르고 자란 편이다. 학교에서 만나는 친구들 가정도 다 나랑 비슷한 줄 알았다.

그러나 삶이 때로는 얼마나 고단하고 누추하며, 심지어 비루하기까지 하다는 걸 알게 된 건 초등학교 6학년 때였다. 그 기억은 내 마음속에 검고 무거운 바윗덩어리처럼 도사리고 있다.

끼니는 굶을지언정 자식한테 책 사주는 데는 아낌없이 돈을 쓰는 게 우리 부모님이었다. 계몽사에서 나온 50권짜리 문학전집도 흔쾌히 사주었다. 아마 웬만한 월급쟁이 한 달 월급은 족히 되지 않았을까 싶다. 나도 그만한 사정은 알 나이였기에, 그 책을 아끼고 아끼면서 거듭하여 읽었다.

한번은 같은 반 친구가 우리 집에 놀러 와서 문학전집 중 한 권을 빌려 갔다가 그만 분실하고 말았다. 우리 교실에서 벌어진 일이었다. 나로서는 가슴이 찢어지는 소식이었다. 50권이 가지런히 꽂혀 있었는데, 잃어버린 한 권으로 이빨 빠진 모양새가 되었다. 그렇다고 그 책만 따로 살 수도 없었다.

책을 빌려 갔다가 잃어버린 아이(미안하게도 이름이 가물가물하니 '성태'라고 부르자)는 아버지가 경찰이었다. 그것도 교통이나 행정을 보는 경찰이 아니라 도둑 잡으러 다니는 진짜 형사였다.

성태는 나에게 장담했다.

"책 훔쳐 간 도둑놈을 내 손으로 반드시 잡아 내고야 말겠어."

그러더니 진짜 형사라도 된 양 반 아이들을 탐문하고 다녔다. 성태는 아이들을 붙들고 목격자가 있는지, 의심스러운 아이가 있었는지를 캐물었다.

며칠 뒤 성태가 나에게 와서 은밀하게 속삭였다.

"범인을 잡았어. 책을 훔쳐 간 건 동수야."

"정말? 분명해?"

나의 물음에 성태는 못을 박듯이 대답했다.

"날 믿어. 벌써 그놈 집도 알아뒀지. 집을 수색하면 나올 거야."
성태는 확신에 차 있었다.

김동수는 독특한 구석이 있는 아이였다. 키도 작고 늘 남루한 옷을 입고 다녔는데, 반 아이들하고 통 어울리질 않았다. 얼굴엔 아이답지 않게 그늘이 져 있었다. 그런데 신기하게도 시험을 보면 늘 반에서 세 손가락 안에 들었다. 그게 아이들의 질투를 유발하고 미움을 사는 이유가 되었다.

우리 반에는 병원장의 아들도 있었고, 5층짜리 빌딩 건물주의 아들도 있었다. 이런 아이들은 초등학교 고학년이 되면 과외를 받기도 했다. 그런데도 시험만 보면 동수에게 나가떨어졌다. 나는 이런 반 분위기를 잘 알고 있었기에, 지금 동수가 모함을 받는 건 아닐까 하는 생각이 언뜻 들었다. 그러면서도 책을 찾고 싶은 욕심에 사로잡혀 성태를 따라 동수네 집으로 향했다.

우리는 동수가 산다는 신풍동으로 한참을 걸어 들어갔다. 동네 사람들이 우물가에서 길게 줄을 서 있었다. 그 어른들 틈 사이로 자그마한 몸집의 동수가 보였다. 동수는 커다란 물지게를 지고 있었다.

신풍동은 가난한 동네였다. 그 동네에서도 월명산 비탈에 자리 잡은 북쪽 사면은 대부분 무허가 판자촌이었다. 전기는 들어왔는데, 수도는 놓이지 않았다. 밥때가 되면 사람들은 아랫마을 우물까지 와서 물지게로 물을 길어 날랐다.

성태는 대번에 동수 앞으로 가더니 마치 수색영장이라도 제시하는 것처럼 통지했다.

"너희 집 안을 좀 살펴봐야겠어."

동수는 우리를 슬쩍 보더니 가타부타 말이 없이 우물에서 두레박으로 물을 퍼 올렸다. 그렇게 물통 두 개를 가득 채웠다.

동수는 자기보다 더 무거워 보이는 물지게를 지고 묵묵히 비탈길을 오르기 시작했다. 길은 계단도 없이 그냥 흙바닥이었고, 앞 사람들이 흘린 물로 미끄러웠다. 검정 고무신을 신은 동수의 작은 발은 미끄러운 쪽을 피하느라 비틀거리면서도 그 길을 꾸역꾸역 올라갔다.

동수네 집은 산동네에서도 맨 위쪽 끝에 있었다. 벽은 진흙으로 발랐고, 지붕은 비닐장판 같은 것으로 덮여 있었다. 우리 셋이 들어서자 부엌에서 동수 어머니가 나왔다. 어머니는 우리가 방문한 이유를 듣더니 다짜고짜 동수의 등짝을 사정없이 내리쳤다.

"도대체 학교에서 뭔 짓을 하고 다니길래 그래. 너 죽고 나 죽자, 이놈아!"

어머니는 동수를 붙잡고 한참을 흔들어대더니 집 밖으로 나가 버렸다.

동수는 마루에 올라서더니 말없이 방문을 열어 보였다. 우리는 어두컴컴하고 조그마한 방으로 들어갔다. 방 안에 가구라고는 낡아빠진 옷장 하나와 앉은뱅이책상 하나가 전부였다. 책꽂이에 교과서 몇 권

금광초등학교 6학년 때 수학여행 사진. 이 사진 안에 동수는 없다.

소년 노동자 시절 이재명 대표.
나는 이재명 대표의 얼굴을 보면 어느 순간 동수를 떠올리곤 한다.

과 노트 몇 권이 꽂혀 있었다.

그게 다였다. 그 흔한 『표준전과』나 『동아전과』 한 권이 없었다. 전과는 학습 참고서로, 당시엔 거의 모든 초등학생이 한 권씩은 가지고 있었다. 동수는 그것조차 없이 공부하는데도 반에서 2등, 3등을 한 것이다.

성태가 옷장을 바라보며 내게 말을 걸었다. 아마 그 속을 뒤져 보자는 말이었을 것이다. 그러나 나는 뭐라 말할 수 없는 부끄러움과 죄책감에 사로잡혀 성태의 말이 귀에 들어오지 않았다. 나는 동수네 집을 도망치듯 빠져나왔다. 내리막길을 달려 내려오는데, 원망하는 표정으로 나를 바라보던 동수의 눈이 등 뒤로 계속 따라오는 듯했다.

잃어버린 책은 며칠 뒤 내 책상 위로 돌아왔다. 성태가 책을 찾겠다고 학급에서 난리를 피우니, 누군가 책이 탐나서 가져갔다가 겁이 나서 몰래 가져다 놓은 것이다.

그 일 이후 교실에서 동수를 마주쳤으나 우리는 서로를 외면했다.

아무 말도 건네지 않았다. 성태와도 거리가 생겼다. 나는 내 욕심을 챙긴 것이면서도 '다 성태 때문에 생긴 일이야'라고 속으로 원망했다. 성태도 눈치가 보였는지 나에게 다가오지 않았다.

얼마 지나지 않아 우리는 초등학교를 졸업했다. 그게 동수와의 마지막 기억이다. 동수는 초등학교를 졸업하고 얼마 되지 않아 가출했다는 소식이 들렸다.

오랫동안 다른 친구들도 동수 소식을 알지 못했다. 10여 년도 더 흘러 스물대여섯 살 무렵 친구들에게 동수 소식을 들었다. 동수가 신풍동을 찾아와 몇몇 친구를 만나고 갔다는 것이다. 그 친구들이 동수가 살아온 얘기를 해주었다.

신풍동을 떠난 어린 동수는 무작정 기차를 타고 서울의 영등포역에서 내려서 근처의 철공소 골목을 찾아갔다고 한다. 그곳의 어느 철공소에 취직하여 공장에서 먹고 자며 일했다.

"망치로 머리를 맞아가며 일을 배웠지."

동수는 그때의 일을 회상하며 쓸쓸하게 웃었다고 한다.

그렇게 바람결에 동수의 소식을 간간이 듣곤 했는데, 어느 순간부터는 그마저도 들을 수 없었다. 나는 초등학교 친구들을 만날 때면 꼭 동수 소식을 물어보았다. 아무도 아는 사람이 없었다. 아니 그를 기억하는 이조차 점점 드물어졌다.

나는 우리 당 이재명 대표의 얼굴을 보면 어느 순간 동수를 떠올리곤 한다. 이재명 대표와 동수는 동갑내기다. 이재명도 동수처럼 초등학교를 마치고 진학하지 못했고, 어린 나이에 공장에서 일해야 했다. 소년 동수가 망치로 머리를 맞아가며 일을 배웠듯이, 소년 이재명도 한쪽 팔이 프레스에 빨려 들어가는 사고를 당하며 일을 배웠다.

두 사람 다 영민했는데, 한 사람은 변호사가 되고 대통령 후보가 되었지만, 다른 사람은 살았는지 죽었는지 소식을 모른다. 소년 이재명이 오늘의 이재명이 된 건 어쩌면 기적이다. 그 자신의 분투와 하늘의 도움이 운 좋게 조응한 결과가 아닐까.

하지만 마찬가지로 삶의 높은 벽을 넘으려고 분투했던 우리 세대의 수많은 동수는 소리도 없이 스러져버린 것이다. 내가 정치를 하는 이유가 동수 때문만은 아니지만, 늘 가슴 한편에서 동수를 잊지 않고 있다.

2장

광주, 내 삶의 지진대

꼬깃꼬깃한 유인물 한 장

내 소년기의 처음은 집과 학교와 친구들 사이에서 평탄하게 흘러갔다. 군산남중학교를 거쳐 군산제일고등학교에 입학할 때까지는 그랬다. 그 시절은 이런저런 소소한 기억들로 채워져 있다. 그런 내 삶에 거대한 지진을 일으킨 건 '광주'였다.

1980년, 고등학교 2학년에 올라간 어느 봄날이었다. 학교를 마치고 집에 돌아왔는데, 웬일인지 아버지가 대낮에 방에서 '깡소주'를 마시고 있었다. 그리고 상처 입은 짐승처럼 꺼이꺼이 숨죽여 우는 것이다.

아버지는 간간이 이런 말을 내뱉었다.

"그놈들이 다 죽였어! 그놈들이!"

평소 약주를 좋아하기는 했지만, 요샛말로 혼술을 하는 법은 없는 아버지였다. 너무 낯선 장면이었다.

어린 나는 아버지가 탄식하는 일이 뭔지 알 리가 없었지만, 그때 아버지는 광주의 진실을 꽤 알고 있었다. 미군 비행장에서 근무하면서 외신을 통해 광주의 진상을 접하고 있었다. 아버지는 어디다 말도 못 하고 집안에서 홀로 소주를 퍼부으며 울분을 삼킨 것이다.

나는 그해 봄에 광주에서 뭔가 심상치 않은 일이 일어났음을 느꼈지만, 그뿐이었다. 내가 광주의 참혹한 진상을 어느 정도 구체적으로 알게 되기까지는 시간이 더 걸렸다.

그렇게 봄과 여름이 지났다. 가을에 접어든 어느 날, 익산에 사는 친구가 학교 기숙사의 자기 방으로 나와 몇몇 친구들을 데려갔다. 친구가 평소답지 않게 은밀해 보여 나도 절로 긴장되었다. 우리가 방에 둘러앉자 친구는 옷장에서 꼬깃꼬깃 접힌 유인물을 한 장 꺼내 보였다. 자기가 다니던 성당에서 신부님을 통해 받았다고 했다.

타자기로 작성한 문서를 갱지에 '가리방(등사기)'으로 찍어낸 유인물이었다. 숱한 사람의 손때를 탔는지 거의 너덜너덜했다. 인쇄 상태도 불량하고 훼손된 부분도 있어서 글자를 읽기가 쉽지 않았지만, 그게 문제가 아니었다.

'전두환의 광주 살육 작전'이라는 제목 아래 펼쳐진 내용이 너무나 충격적이었다.

전두환의 광주 살육 작전

아! 민족사의 대 비극이다. 하늘은 어찌 이리도 무심하단 말인가! 신성한 국토방위의 의무를 국민들로부터 위임받은 군인이 제2의 거창 양민학살 사건을 자행하고 있다. 이것은 국민이 가슴을 두드리며 통곡할 비극이 아니고 무엇이란 말인가.

이렇게 시작하는 유인물은 광주 항쟁 당시의 끔찍한 실상을 고발하고 있었다.

남학생들에게 돌을 날라다 주었다는 여학생을 대낮 시민들이 보는 앞에서 대검으로 난자하였고, 피를 보고 울부짖는 시민들을 향하여, 공수부대는 피 묻은 칼을 흔들어대며 죽이겠다고 소리쳤다. 여학생들의 옷가지는 다 찢어지거나 발가벗긴 채로 피를 흘리며 트럭에 실려 가기도 하였다.

유인물을 읽으며 나는 커다란 망치로 뒤통수를 얻어맞는 느낌이었다. 광주의 학살극이 너무나 생생하게 눈앞에서 펼쳐졌다. 총검이 번쩍이고, 피가 튀고, 울부짖는 소리가 들리는 듯했다. 손이 절로 부들부들 떨렸다. 나뿐만 아니라 유인물을 돌려본 친구들이 모두 그랬다.

유인물을 발행한 주체는 조선대학교 민주투쟁위원회였고, 끝에는 괄호 안에 간절한 당부의 말이 있었다.

(이 유인물을 주우신 분은 복사하여 주위에 돌리시기 바랍니다. 사실 보도를 외면한 신문을 대신한 것이기 때문입니다.)

가만히 있을 수는 없었다. 뭐라도 해야겠다는 생각이 들었다. 그 이후로 광주 유인물을 돌려본 친구들끼리 모여 출구 없는 이야기들을 중구난방으로 늘어놓는 날이 늘었다. 우리는 야간 자율 학습을 빠져나와 운동장 스탠드나 옥상에 올라가 서로의 생각을 나누었다.
"우리도 유인물을 옮겨서 시내에 뿌려야 하는 거 아니야?"
"아냐, 일단 학교에서부터 시작해야지. 페인트를 사서 담벼락에 구호라도 쓰는 거야."
하지만 아직 빡빡머리 고등학생들이었다. 그런 일을 벌일 용기도 나지 않았고, 제대로 실행할 능력도 없었다.
나는 아무런 행동도 하지 못했지만 대신 친구들을 얻었다. 입시의 무게에 짓눌려 있던 우리는 사회에 대한 관심을 공유하면서 든든한 믿음과 우정의 동아리를 이루었다.
3학년에 올라가면서 대학 입시에 대한 부담이 코앞으로 다가왔다. 그때 우리 학교에는 전라북도 여러 지역에서 온 친구들이 학교 안 기숙사에서 생활하고 있었다. 기숙사생들은 선발되어온 우수 학생이 많아서 상위권 성적에 포진하고 있었다.

나처럼 시내 통학생의 눈에는 기숙사생이 공부 환경에서 유리하게만 보였다. 그들은 통학으로 시간과 체력을 낭비할 필요가 없었고, 밤늦도록 학교 도서관과 기숙사 독서실을 이용할 수 있었다.

나는 부모님을 설득하여 3학년에 올라가자 곧장 기숙사에 들어갔다. 태어나서 처음으로 집에서 벗어나 살게 된 것이다. 그런데 그 출가가 애초 의도와 달리 나를 크게 바꾸어 버렸다. 부모님의 시야를 벗어난 나는 고삐 풀린 망아지처럼 되었다.

기숙사에는 패거리 친구들이 많아 이제는 밤낮으로 마음껏 어울릴 수 있었다. 그런데 그들 중에는 말하자면 '반골의 영혼들'이 있었다. 고삐 풀린 망아지와 반골의 영혼들은 무엇보다도 술로 뭉쳤다. 나는 스스로 상당한 주량에 놀랐고, 술이 가져다주는 해방감에 매혹되었다.

지금도 기억이 선명하다. 학교 복도에는 이런저런 명언이 붙어 있었다. 그 가운데 이런 것이 있었다.

"남을 불태우기 위해서는 자신이 먼저 불타야 한다."

내 기억으로 이 글귀 아래에는 로마의 정치인이자 문학가인 세네

카의 이름이 적혀 있었다. 학생들이 스스로 공부에 열정을 불태우라는 뜻으로 붙여 놓았을 터였다. 그런데 당시 내가 불태운 열정은 확실히 공부만은 아니었다.

나와 친구들은 야간 자율 학습이 끝난 뒤, 때로는 야간 자율 학습 중에도 몰려다니며 탈주를 시도했다. 탈주의 방식은 단연 음주였는데, 우리 사이에서 술이라면 단연 군산의 주류회사 백화양조의 소주와 '대중 양주'를 표방한 삼바25가 대세였다. 학교 앞 매점 곰보집이 주류의 공급원이었다.

이렇게 말하면 우리 패거리가 마치 어린 주당 무리처럼 보일지도 모르겠다. 하지만 음주는 다른 무엇을 할 수 없었던 소년들의 사회에 대한 소박한 저항 의식의 표현이었다. 우리의 동아리는 광주라는 매개를 통해 사회의식을 공유하게 된 것이다. 그것이 비록 소박한 수준이라고 해도.

그렇게 몰려다니며 작당하던 우리는 마침내 '조직'을 하나 만들기로 했다. '팍스 코리아나'라는 이름도 붙였다. 전주 사는 친구가 가톨릭의 모토 중 하나인 '팍스 로마나'를 빗대어 제안한 것이다. '코리아의 정의와 평화에 기여하자'라는 가히 거창한 의미를 담고 있었다.

모두 열한 명의 친구가 모였다. 전홍신, 하영춘, 하연수, 한승문, 유병현, 김민수, 조영빈, 이영훈, 함동주, 정영구, 그리고 나였다. 그 친구들과 함께 있으면 무서울 게 없었다. 이렇게 모인 열한 명 가운데 나

군산제일고등학교 2학년 때 수학여행 사진.
빡빡머리 고등학생 시절 광주에서 일어난 일은 지진처럼 내 삶을 흔들었다.

중에 대학생이 되어 네 명(이영훈, 한승문, 하연수, 나)이 징역을 살게 된다.

"임금님 귀는 당나귀 귀!"를 외치고 싶었던 우리는 어떻게든 밖으로 목소리를 내고 싶었다. 그런 욕구는 엉뚱한 논쟁으로 분출하기도 했다. 당시는 홈룸 homeroom, H/R 시간이라는 게 있었다. 교과 시간 외의 특별 활동 시간이었다. 보통은 학급 회의 시간으로 활용되었는데, 실제로는 담임이 없는 상태로 자율학습이 이루어졌다.

어느 날 홈룸 시간에 예정에 없는 시국 토론이 이루어졌다. '팍스 코리아나' 구성원이 많았던 우리 3학년 4반에서 누군가가 불을 댕긴 것이다. 정부를 은근히 비판하는 발언들이 아슬아슬하게 이어지던 중 누군가의 입에서 '이순자'라는 이름이 나왔다. 그러자 한 모범생 학우가 "그래도 영부인인데 이순자 여사님이지"라며 우리 쪽을 강하게 성토하고 나섰다.

논쟁은 홈룸 시간으로 끝나지 않았다. 기숙사에서는 사감 선생의 눈을 피해 한 방에 모여 낮에 끝내지 못한 논쟁을 밤늦도록 이어가곤 했다. 그렇게 군산제일고에서는 불온한 기운이 퍼져가고 있었다.

그때 '이순자 여사님'이라고 불러야 한다고 지적했던 모범생 김귀식은 나중에 대학에 들어가 우리 동기 중 두 번째로 빨리 징역을 갔다. 첫 번째는 서울 미국문화원 점거농성 사건의 함운경이었다.

서울대 삼민투(민족통일·민주쟁취·민중해방 투쟁위원회) 위원장이던 함운경은 미문화원에 들어가기 전날 밤에 종암동의 내 자취방으로 찾아와 하룻밤을 잤다. 운경이는 아침에 나갈 때 내 점퍼와 바지를 입고 갔다.

1985년 5월 말은 텔레비전 뉴스에서 연일 미문화원 점거 농성 소식을 내보냈다. 함운경의 모습이 텔레비전에 나올 때마다 내 눈길은 그가 입고 있는 내 옷을 좇았다. 그걸 지켜보는 마음은 뭐라 표현하기 어려운 것이었다.

'오송회' 선생님들

불온한 기운이 학교 안에 퍼지고 있다고 했지만, 그건 우리의 착각이었을 것이다. 세상은 아랑곳하지 않았다. 전두환이 대통령으로 취임하며 제5공화국이 시작되었고, 학력고사는 점점 다가왔다.

무력하고 순진한 반항아들에게 세상은 너무나 견고하고 높은 성벽이었다. 우리는 성벽 안에 갇힌 채 탈출구를 찾는 수인만 같았다. 내 마음이 바로 그랬다. 그런 어느 순간 우리의 눈에 몇몇 선생님들의 모습이 들어오기 시작했다.

이광웅 선생님과 박정석 선생님이었다. 두 분은 국어를 가르쳤다. 그런데 두 분의 가르침은 남달랐고, 그래서 기이하게도 보였다. 선생님들은 당시 시국이나 현실에 대해 직접적인 말을 하지 않았으나 우리는 알 수 있었다. 두 분은 우리에게 단지 입시만이 아닌 인생과 세상에 대해 알려주고 싶어 했다.

어느 날 이광웅 선생님은 수업에 빈손으로 들어와 칠판에 '葛藤(갈등)'이라는 두 한자를 큼지막하게 썼다. 특유의 정갈하면서 미려한 글씨였다. 그러더니 이렇게 말했다.

"갈등은 참 여러 가지야. 마음속의 갈등, 나와 타인의 갈등, 나와 세상의 갈등. 오늘은 각자 자신이 가진 갈등에 대해 생각해 봅시다. 노트에 그걸 써보도록."

학력고사가 코앞에 다가왔는데, 이광웅 선생님은 그렇게 한 시간을 보냈다. 선생님의 마음속 의도는 알 수 없었지만, 그것은 우리가 단순히 입시 기계가 아니라 생각하는 주체임을 깨우쳐 주려는 것처럼 보였다. 목마른 자가 만난 샘물 같은 순간이었다.

왜소한 체구에 지극히 순한 눈빛을 지녔던 이광웅 선생님은 실은 남다른 감화력을 지닌 분이기도 했다. 우리 학교는 규율이 몹시 엄격하고 체벌이 많은 곳이었다. 사소한 잘못도 그냥 넘어가는 법이 없이 지도부 선생님들의 기합과 매질이 가해졌다. 이광웅 선생님은 전혀 달랐다.

쉬는 시간이면 동전으로 '짤짤이'를 하는 아이들이 있었다. 뭐 대단한 도박이 아니라 작은 일탈이자 놀이였다. 그런 행위마저도 걸리면 매질을 피할 수 없었는데, 어느 날 우리 반 아이들 몇이 짤짤이를 하다 이광웅 선생님에게 들켰다. 막 국어 시간이 시작된 참이었다.

선생님은 짤짤이를 하던 친구들을 앞으로 불러냈다.

"화장실에 가서 주전자에 물을 담고, 대야와 함께 가져와."

의아한 지시였다. 아무튼 아이들이 시킨 대로 했다. 그러자 선생님은 주전자를 들고 짤짤이를 하던 아이들의 손을 씻겨주었다.

"냄새 나는 손을 씻었으니 다들 자리로 돌아가고 수업을 시작하자."

그게 끝이었다.

박정석 선생님은 차분한 음성과 풍부한 감성을 지닌 분이었다. 교과 진도가 끝나면 교과서에 나오지 않은 글을 읽어주곤 했다. 특히 김수영과 신동엽의 시를 낭송하는 목소리는 가히 압도적인 것이었다. 낭랑한 목소리에 실린 시의 의미와 울림이 굉장했다.

이슬비 오는 날,

종로 5가 서시오판 옆에서

낯선 소년이 나를 붙들고 동대문을 물었다.

밤 열한 시 반,

통금에 쫓기는 군상 속에서 죄 없이

크고 맑기만 한 그 소년의 눈동자와

내 도시락 보자기가 비에 젖고 있었다.

국민학교를 갓 나왔을까.

새로 사 신은 운동화 벗어 품고

그 소년의 등허리선 먼 길 떠나온 고구마가

흙 묻은 얼굴들을 맞부비며 저희끼리 비에 젖고 있었다.

- 신동엽, 「종로5가」 중에서

신동엽의 시 「종로5가」는 산업화의 거센 물결로 죄없이 내몰린 한 소년을 눈앞으로 소환했다. 남루한 차림새에 크고 맑기만 한 소년의 눈동자가 다가오는 듯했다. 그리고 김수영의 시 「어느 날 고궁을 나오면서」는 내게 깊은 공감을 불러일으켰다.

왜 나는 조그마한 일에만 분개하는가

저 왕궁 대신에 왕궁의 음탕 대신에

50원짜리 갈비가 기름 덩어리만 나왔다고 분개하고

옹졸하게 분개하고 설렁탕집 돼지 같은 주인년한테 욕을 하고

옹졸하게 욕을 하고

한 번 정정당당하게

붙잡혀간 소설가를 위해서

언론의 자유를 요구하고 월남 파병에 반대하는

자유를 이행하지 못하고

20원을 받으러 세 번씩 네 번씩

찾아오는 야경꾼들만 증오하고 있는가

- 김수영, 「어느 날 고궁을 나오면서」 중에서

시를 낭송하는 선생님의 목소리는 마치 스스로를 자책하는 듯했다. 시에 특별히 열렬하지 않았던 나였지만, 무슨 의미를 전하려는지 다 알 듯했다.

시인이기도 했던 이광웅 선생님이나 박정석 선생님이나 말하지 않고도 많은 말을 해준 분들이다. 감히 말하자면, 우리는 발화되지 않은 그분들의 말씀을 마음의 귀로 다 알아들었다. 그런 간접 소통을 통해 우리는 신동엽과 김수영의 시집을 구하려고 헌책방을 뒤지기도 했다.

지금은 수능에서도 출제되고 공교육 과정에서 다루고 있는 문학 작품들이지만, 당시에는 정부가 지정한 금서(배포 및 판매 금지 도서)였다. 어떤 친구가 김수영의 시집 『거대한 뿌리』를 구해왔을 때, 우리는 그걸 너나없이 돌려보았다. 신동엽의 시집 『누가 하늘을 보았다 하는가』도 그랬다. 조세희의 소설 『난장이가 쏘아올린 작은 공』을 돌려 읽었던 것도 그 무렵이었다.

나중에야 알게 된 일이지만, 선생님들은 일찍부터 박정희의 유신

당시 금서였던 시집들.
국어 선생님 두 분은 인생과 세상에 대해 알려주고 싶어했다.

체제, 그리고 이어지는 전두환 신군부에 대해 적극적인 비판의식을 지니고 있었다. 특히 5·18이 직접적인 계기가 되었다. 두 분은 뜻이 맞는 선생님들과 학교 근처 막걸릿집에 삼삼오오 모여 시국을 한탄하고 책을 돌려 읽고는 하였다. 하지만 선생님들도 우리 학생들의 움직임을 몰랐고, 우리도 감히 선생님들을 따로 만날 생각은 하지 못했다.

그러던 어느 시험 기간이었다. 국어 시험에 '우리를 슬프게 하는 것들'을 주제로 자유롭게 글을 쓰라는 문제가 출제되었다. 그때 국어 시험이 그랬다. 서른세 개의 문제가 출제되는데, 마지막 문제는 늘 주제를 제시한 작문이었다.

앞의 문제들은 교과 과정을 평가하고 입시를 대비하기 위한 문제였다면, 마지막 문제는 정답이 없는 문제였다. '평화'나 '어머니' 같은 주제가 기억난다. 나는 그 문제를 선생님들이 어떤 배점으로 어떻게 평가했는지 지금도 모른다. 우리의 사고력과 표현 능력을 높여주려는 의도에서 주어진 문제가 아니었을까 짐작할 뿐이다. 아마 뭐라도 쓴 답안에는 모두 동일 점수를 주었을 것 같다.

'우리를 슬프게 하는 것들'은 당시 국어 교과서에 실려 있던 안톤 슈낙의 수필 제목이었다. 그런데 나를 비롯해 팍스 코리아나 친구들은 상의하지 않았는데도 답안에 사회와 교육에 대해 비판적인 의식을 담아냈다.

그 가운데 우리 일원인 김민수의 글이 가장 눈에 띄었나 보다. 박정석 선생님이 민수를 따로 불렀던 모양이다.

"어떻게 이런 답안을 쓴 거야? 생각이 넓고 깊더라고. 기특하고 궁금해서 그런다."

선생님의 물음에 답하며 이런저런 대화를 나누는 중에 민수는 저절로 우리의 존재를 알리게 되었다. 그 뒤로 팍스 코리아나는 선생님의 관심을 받게 되었고, 어느 순간부터 우리는 이광웅 선생님이나 박정석 선생님 댁으로 놀러 다니기 시작했다.

이런저런 얘기를 나눴고, 때로는 막걸리도 한 모금씩 얻어 마셨다. 두 선생님의 격의 없고 개방적인 태도는 놀라운 것이었다. 사제 간의 사이가 친밀한 선후배 같았다. 늘 지적 갈증을 느꼈던 우리는 선생님들의 책꽂이에 있는 책들을 빌려서 돌려 읽을 수 있었다. 우리가 대학에 들어가서도 선생님과 제자의 친밀한 관계는 그대로 이어졌다.

야만의 시간

1982년, 우리가 대학 1학년 때의 여름이었다. 우리는 방학을 맞아 모처럼 고향에서 뭉쳤는데, 누군가 선생님께 빌린 책을 돌려줘야 한다고 했다. 시인 오장환의 『병든 서울』이었다. 해방 직후의 혼돈 속에서 느끼는 기쁨과 좌절과 분노, 그리고 희망의 의지를 담아낸 시집이었다.

그 시집은 1946년에 출간된 데다 시인이 월북한 이력이 있어 당시로서는 시중에서 구할 수 없는 희귀본이었다. 더구나 우리가 가진 책은 선생님이 젊었을 때 시집을 손수 옮겨쓴 필사본 노트였으니, 어쩌면 더욱 소중한 것이었다. 반드시 돌려주어야 하기에 우리는 선생님 댁으로 가는 시외버스를 탔다. 그런데 우리는 오랜만에 만나 얘기 꽃을 피우느라 엉겁결에 시집 필사본을 버스 좌석에 놓고 내렸다.

그 버스의 안내양은 신고 정신이 투철했던 모양이다. 그 시집에 나오는 '인민'이며 '새 나라' 같은 표현은 시가 발표된 1945년에는 누구나 흔히 쓰는 단어였지만, 안내양의 눈에는 지극히 불온한 북한식 어휘로 보였을 것 같다. 안내양은 경찰서로 달려갔고, 시집은 '사건'을 만들어내는 결정적 단서로 쓰였다.

경찰은 필사본에서 단서를 발견하고 추적하여 책 주인인 이광웅 선생님을 찾아냈다(정확히 말하면 이광웅 선생님의 필사본을 박정석 선생님이 빌렸고, 우리가 다시 그걸 박정석 선생님에게 빌린 것이었다). 경찰은 그 뒤 몇 달 동안 미행과 도청으로 선생님들의 일거수일투족을 감시했다. 그런 줄도 모르고 선생님들은 여전히 막걸릿집에 모여 시국을 한탄하고 전두환 정권을 비판했다.

마침내 경찰은 1982년 가을에 대대적인 검거에 들어갔고, 선생님들은 '일망타진'되었다. 그것이 이른바 '오송회' 사건이다. 오송회라는 조직은 세상에 있지도 않았고, 경찰의 상상력이 만들어낸 허구의 이적단체였다. 그러나 오송회는 선생님들과 우리들의 삶을 전혀 다른 것으로 만들어 버렸다.

1982년의 쌀쌀한 늦가을, 전주의 대공 분실(지금의 전북경찰청 모래내 별관) 지하실에는 밤도 낮도 없이 신음이 이어졌다. 신음과 함께 고문 경찰의 카랑카랑한 목소리가 울려 퍼졌다.

"너 간첩이지? 조직원을 다 불어. 불지 않으면 살아서 못 나갈 줄 알아. 너희 같은 빨갱이 새끼를 죽여도 우린 괜찮아. 죽으면 길가 아무

데나 버리면 왜 죽었는지 아무도 몰라 임마!"

"그러면 제발 죽여주시오!"

박정석 선생님의 절규였다. 온몸이 발가벗겨진 채 통닭처럼 긴 막대에 두 손과 두 발이 묶여 거꾸로 매달린 채였다. 처음에는 고문 경찰들에게 "살려 달라"라고 빌던 선생님이 나중에는 제발 죽여 주기를 빈 것이다. 이 절규를 이광웅 선생님과 다른 선생님들은 다시 자기에게 돌아올 순번을 기다리며 옆방에서 들어야만 했다.

오랜 세월이 흐른 뒤 박정석 선생님은 한 방송 인터뷰에서 이렇게 회고했다.

"그렇게 몇 시간이고 계속되는 신음을 듣고 있으면, 나는 자지러질 지경이 되는 거예요. 저러다 이광웅 형이 죽겠구나. 그런 처참한 생각이 절로 들었죠."

그런 무지막지한 폭력 앞에서는 없는 말도 지어내야 할 형편이었다. 국가보안법의 이적단체 조직과 간첩 행위로 기소된 '오송회' 사건은 그렇게 조작되었다. 문학을 논하고 시국을 한탄하던 선생님들의 술 모임은 어이없게도 자생적인 간첩 조직이 되어버린 것이다.

그 몇 달 앞으로 시간을 돌려보자. 1982년 5월에 이광웅과 박정석 선생님을 비롯한 다섯 선생님들은 5·18을 맞아 학교 뒷산에 올랐다. 그곳 소나무 아래서 막걸리 한 병을 놓고 조촐한 위령제를 지냈다. 그렇게 다섯이 소나무 아래서 광주 희생자 위령제를 지낸 것에서 '오송회'라는 조직명이 붙여졌다.

선생님들이 잡혀가고 머잖아 우리 팍스 코리아나 친구들도 차례차례 경찰로 끌려가거나 불려갔다. 우리는 으름장과 주먹다짐과 발길질을 받으며 선생님들의 '이적행위'를 낱낱이 일러바쳐야 했다.

일러바친다는 표현은 온당하지 않다. 그것은 있지도 않은 이적행위를 만들어내는 과정이었다. 앞선 친구의 진술서에 다음 친구가 뭔가를 덧붙이고, 그다음 친구가 다시금 뭔가를 덧붙이는 것이다. 그 과정에서 심문하는 경찰이 제시하는 말이 진술로 첨가되기도 했다. 경찰이 구상한 시나리오가 그런 식으로 완성되었다.

나는 군산경찰서에서 조사를 받다가 당시 빅토리아호텔(지금의 서해대학교 학생생활관)로 옮겨져서 조사를 받았다. 심문자들은 나를 흠씬 두들겨 팬 뒤, 조서를 쓰라고 해놓고는 자기들끼리 텔레비전을 켜놓고 권투경기를 보며 환호했다.

"야, 힘을 좀 내. 턱을 갈겨!"

"저 자식이 영 힘을 못 쓰네."

진술서를 쓰다가 부은 눈으로 힐끗 텔레비전을 보니, 권투선수 김득구의 세계 타이틀전이었다. 김득구도 챔피언 맨시니에게 흠씬 두들겨 맞아 눈언저리가 통통 부어 있었다.

내가 경찰 조사를 받는 동안 김득구는 맨시니에게 턱을 강타당하고 쓰러졌고, 며칠 후 세상을 떠났다. 그의 죽음을 보며 내 청춘은 진

즉 끝나버렸다는 생각이 들었다. 그때 내 나이는 겨우 열아홉 살이었다.

그런데 이듬해 5월 전주지방법원에서 열린 1심 재판에서 뜻밖의 일이 벌어졌다. '오송회' 사건으로 기소된 아홉 분의 선생님 가운데 여섯 분이 선고유예로 풀려난 것이다. 그 엄혹한 5공화국 초기에도 용기 있는 부장판사 이보환이 있었던 거다. 풀려나지 못한 세 분 선생님들은 2심에 기대를 걸고 항소했다.

하지만 7월에 열린 광주고등법원의 항소심 법정은 아비규환이 되고 말았다. '주범' 이광웅 7년, 박정석 5년, 전성원 3년으로 형량이 높아졌을 뿐 아니라, 선고유예를 받았던 여섯 분이 모두 법정 구속된 것이다. 가족들은 땅을 치며 통곡했고, 허공을 향해 울부짖었다.

항소심 재판관 이재화의 이름을 잊을 수 없다. 그는 판결문에서 선생님들을 향해 "잘못을 뉘우치는 기색 없이 변명만 한다"라고 했다. 그는 무엇을 '잘못'이라고 생각했던 것일까. 그리고 1심과 2심 사이에 도대체 무슨 일이 있었던 걸까. 그 내막은 20여 년 뒤, 박철언의 회고록 『바른 역사를 위한 증언』을 통해 드러난다.

1983년 어느 날, 전두환이 청와대로 대법원장과 대법원 판사들을 불러 모아 만찬을 열었다. 그 자리에서 전두환은 사회나 정치의 불안요소에 과감하게 대처할 것을 주문했다. 그런데 특별히 '오송회' 사건을 예로 들며 "빨갱이를 무죄로 하는 것은 안 될 일"이라고 말했다는 것이다.

전두환의 이 언급이 '오송회' 사건의 1심과 2심 결과를 완전히 다르게 만들어 버린 것이다. 그게 아니라면 설명할 길이 없다. 그러니까 항소심 선고는 전두환의 입에서부터 떨어진 날벼락이었다. 이재화가 말한 '잘못'이라는 표현은 참으로 가당찮은 것이다.

그로부터 26년이 흐른 2008년에 '오송회' 사건은 재심을 통해 모두 무죄를 선고받았고, 선생님들은 뒤늦게 명예를 회복했다. 재심의 주심이었던 이한주 부장판사는 판결문에서 이렇게 적었다.

> 법원에 가면 진실이 밝혀지겠지 하는 기대감이 무너졌을 때 여러분이 느꼈을 좌절감과 사법부에 대한 원망, 억울한 옥살이로 인한 심적 고통 등에 대해 많은 고민을 했다. 그동안의 고통에 대해 법원을 대신해 머리 숙여 사죄드린다.

하지만 육신과 영혼이 찢긴 상처가 어떻게 아물겠는가. 그리고 이날 '주범' 이광웅 선생님은 그 자리에 없었다. 사건을 겪고 징역을 사는 동안 몸과 마음이 피폐해진 선생님은 병을 얻어 1992년에 벌써 세상을 뜨신 지 오래였다.

그리고 다른 선생님들은 이미 연로해지셨다. 청춘을 돌려받을 방법은 없다. 그중 조성용 선생님은 2022년 여름에 세상을 떠났다. 또한

금강 하구에 있는 이광웅 선생님 시비를 찾을 때마다 오송회 선생님들 아홉 분을 생각한다.

선생님의 자녀들은 민감한 성장기에 숱한 상처를 받아서 그 상흔이 이러저러한 형태로 여전히 남아 있다. 법조계의 유명한 말처럼, 지연된 정의는 정의가 아니다.

'오송회' 사건의 피해자 선생님들은 모두 아홉 분이다. 이광웅, 박정석, 전성원, 황윤태, 이옥렬, 채규구, 엄택수, 강상기, 조성용 선생님. 나와 그 사건에서 '일러바치는' 일에 동원된 친구들은 선생님들을 떠올리면 그저 늘 부끄럽기만 하다.

나는 가끔 금강 하구를 찾아간다. 그곳 둑 근처에는 이광웅 선생님의 시비가 소나무와 함께 서 있다. 선생님을 아끼고 따르던 문인들과 제자들이 중심이 되어 1998년에 세운 것이다. 바윗돌에는 이광웅 선생님의 육필로 시가 새겨져 있다.

이 땅에서
진짜 술꾼이 되려거든
목숨을 걸고 술을 마셔야 한다

이 땅에서
참된 연애를 하려거든
목숨을 걸고 연애를 해야 한다

이 땅에서

좋은 선생이 되려거든

목숨을 걸고 교단에 서야 한다

뭐든지

진짜가 되려거든

목숨을 걸고

목숨을 걸고……

- 이광웅, 「목숨을 걸고」 전문

 진짜 술꾼이 되고, 참된 연애를 하고, 좋은 선생이 되려는 것마저도 사치였던 시절이었다. 야만의 시절이었고, 참혹한 세월이었다. 그리고 그 역사가 되풀이되고 있지는 않은지 여전히 의심되는 지금이기도 하다.

3장

서성이며 머뭇거렸던, 그러나 치열했던

세 개의 '억지 감투'

대학 1학년에 겪은 '오송회' 사건은 내 삶을 규정하는 힘으로 작용했다. 그러나 그 힘의 작용은 내 안에서 언제나 그만큼의 반작용을 일으키기도 했다. 그런 작용과 반작용의 길항 관계는 대학 생활 내내 이어졌다.

내 안에는 무거운 죄책감과 의무감이 함께 똬리를 틀고 있었다. 선생님들에게 진 마음의 빚을 갚기 위해서라도 치열하게 반독재 민주화 운동을 해야 한다는 마음이었다. 그러나 다른 한편으론, 전두환 정권의 잔인함을 일찍이 맛보았던 만큼 그에 대한 공포도 컸다. 그래서 나는 학내 운동에 참여하면서도 늘 서성였고 머뭇거렸다.

1980년대 초반, 내가 다니던 고려대의 학생운동은 '언더 서클' 중심으로 이루어졌다. 감시의 눈길이 그물망 같으니 그럴 수밖에 없었다. 나는 겨레사랑회(보통 '겨사'라고 부름) 소속이었다. 1970년대부터 교내에서 꽤 이름이 높았던 겨사는 읽고, 토론하고, 행동하는 조직이었다.

나는 겨사에서 동료들과 반정부 유인물의 문안을 썼고, 자취방으로 옮겨서 밤새 수백 장씩 등사한 뒤 꼭두새벽에 동네를 돌아다니며 뿌렸다. 시위가 예정된 날에는 며칠 전부터 빈 병을 수거해 등유를 부어 넣고 화염병을 만들었다. 그것을 야밤을 틈타 학교로 반입하여 숨겼다가 시위 학생들에게 나눠주었다.

그렇게 나름대로 치열하게 지내면서도 한편으로는 끊임없이 도피하고 싶은 마음에 사로잡혔다. 그때 나만의 도피처는 기원과 만화방이었다. 나는 학교에서 몰래 나와 기원에 처박혀서 상대를 가리지 않고 종일 바둑을 두기도 했고, 만화방에서 이현세의 『공포의 외인구단』 같은 장편 만화들을 완독하곤 했다.

그런 하루를 보내고 숙소로 돌아올 때는 뭐라 형용하기 어려운 감정에 짓눌렸다. 그러다 보니 내게 학생운동은 적극적인 의지와 결단에 따른 참여라기보다는 상황에 의해 등을 떠밀려서 하는 형국이었다.

그때 다른 사람은 어땠는지 모르겠다. 나는 그랬고, 그래서 이따금 부끄러웠고, 그래도 내가 맡은 자리에서 아주 도망치지는 않았다. 나는 동요하면서도 격동의 소용돌이로 조금씩 빨려 들어갔다.

3학년 때인 1984년 새 학기에 이른바 학원 자율화 조치가 있었다.

'대학 교내에 학생보다 경찰이 더 많다'는 우스갯소리가 있었는데, 5공화국 정권은 그런 식의 통치를 계속할 수는 없었던지 유화책을 내놓은 것이다. 구속 학생의 석방과 제적생 복교가 이루어졌다. 이에 학생들은 학원 사찰 중지와 함께 총학생회의 공식 인정을 요구하였고, 마침내 총학생회가 부활했다.

내가 속한 법과대학에서도 단과대 학생회장을 뽑게 되었다. 학생회 선거가 갑작스러웠던 데다 공식적인 자리가 부담스러웠던지라, 아무도 후보로 나서려고 하질 않았다. 선후배들은 어렵게 모범생 친구 하나를 설득해 선거를 치르려고 했지만, 그 친구는 선거를 며칠 앞두고 출마를 포기하고 말았다.

이 사람 저 사람이 거론되다 덜컥 내가 지목되었다. 그때까지 '언더'에서만 활동하던 내가 광장으로 불려 나온 것이다. 회피할 수 없었고, 졸지에 법과대학 학생회장 후보로 출마하였다. 단독 출마였고, 당선되었다. 당시 총학생회장은 1년 선배인 김영춘 전 국회의원이었다.

그때 법과대학에서 같이 학생운동을 함께 했던 사람으로는 한상혁 전 방송통신위원장, 이원욱 의원, 이재화 변호사 등이 있다. 모두 참 오래된 인연이다. 특히 1년 선배인 한상혁 방송통신위원장은 후배들을 다 품어주는 가슴이 넓은 선배여서 내가 많이 따랐다.

그 뒤 4학년 졸업을 앞두고 선택의 갈림길에 섰다. 졸업하고 군대에 다녀온 뒤 취직을 할 것인가. 아니면 정권에 맞서 싸우다가 다들 그러듯이 징역을 다녀온 뒤 직업 운동가의 삶을 살 것인가. 그때로서는 절충의 방식이란 없어 보이는 양극단의 갈림길이었다.

잠들 때와 일어날 때 마음이 달라졌고, 종내엔 담배 한 대를 피울 때마다 마음이 오락가락했다. 꽤 긴 고민 끝에 나는 결국 후자의 길을 택했다. 생활인의 안정을 찾아가는 길을 택한다면 무엇보다 징역에 갇힌 오송회 선생님들을 나중에 뵐 면목이 없을 것 같았다.

'그래, 싸울 만큼 싸우고 징역에 들어가게 되면 선생님들을 만나 빨래라도 해드리자.'

이렇게 마음먹고 나니 비로소 속이 후련했다.

당시 각 대학에는 삼민투라는 투쟁조직이 있었다. 이 조직에 들어가면 곧 징역 들어가는 대기 명단에 이름을 올리는 꼴이었다. 나는 기꺼이 고려대 삼민투에 들어갔다.

하지만 앞장설 마음까지는 없었다. 그저 친구들의 뒤라도 잘 따라가겠다는 생각이었다. 당시 우리 학교 삼민투 위원장으로 이미 내정된 친구가 있었다. 그 친구 형이 한국일보 기자였는데, 동생 소식을 듣고 학교로 찾아와 끈질기게 설득했다. 그 친구는 결국 발길을 돌리고 말았다.

법대 학생회장 때의 일이 다시 벌어졌다. 삼민투 위원장이라는 무시무시한 자리가 또 내 몫으로 돌아오고 말았다. 이때부터 경찰의 시선이 내게로 확 쏠렸다. 이제는 움츠릴 수도 없었다. 그때부터 경찰의 눈길을 피해 사실상 수배자의 길로 들어섰다.

1985년 가을, 여러 대학의 삼민투 위원장들과 회합하여 연합 투쟁을 모색했다. 감시의 눈길을 피해 허름한 다방 구석이나 누구의 거처인지도 모르는 자취방에서 사람들을 만났다. 그늘만을 밟으며 돌아다니는 기분이었다.

민정당 중앙정치연수원 점거 농성 당시 모습

당시 대학생들의 투쟁은 민정당사, 미 문화원, 미 상공회의소 같은 주요 기관을 점거 농성하는 방식이 중심이었다. 그런 곳은 대중과 언론의 관심을 받았기에 그만큼 선전 효과가 컸다. 그런 방향에서 우리의 연합 투쟁은 서울 송파구 가락동에 있던 민주정의당(약칭 민정당) 중앙정치연수원을 점거하기로 의견을 모았다.

이런 연합 시위는 대개 서울대 출신이 총책임을 맡았다. 그런데 서울대 삼민투 위원장이 무슨 문제가 생겼다며 이탈해 버렸다. 그 뒤를 이을 서울대 삼민투의 동료들도 하나둘 발을 뺐다. 결국 당시 서울대 총여학생회장 이진순(현 민주언론시민연합 상임공동대표)이 서울대 대표가 되었다.

그런데 그때 학생운동권에도 여성에 대한 차별 의식과 무시가 있었던 걸까. 어이없는 의견들이 나왔다. 여학생이 거친 점거 농성의 주동자로는 어울리지 않는다는 것이다. 그러니 서울대 다음으로 세력이 큰 고대 삼민투 위원장이 총책임을 맡아야 한다는 주장이었다.

분분한 논의 끝에 졸지에 또 내가 주동자로 앞에 서게 되었다. 법과대학 학생회장, 삼민투 위원장, 그리고 점거 농성의 주동자. 연달아 세 번째로 쓰게 된 '억지 감투'였다.

1985년 11월 18일 이른 새벽, 서울지역 14개 대학에서 모인 191명의 학생들(이중 여학생 56명)은 가락동 민정당 중앙정치연수원 주변을 어슬렁거렸다. 나는 주변을 살피다 호루라기를 꺼내 힘차게 불었다.

"삐이익, 삐이익!"

그 소리를 신호로 학생들은 일제히 연수원 본관 건물로 돌진했다. 우리는 연수원 본관 건물을 점거하고 즉각 농성을 시작했다.

먼저 20개의 시국 관련 요구사항을 담은 선언문을 발표했다. 선언문의 서두는 이렇게 시작되었다.

현하의 참혹한 조국의 현실은 수천의 민중을 학살하고 등장한 군사독재정권의 폭력과 무능, 그리고 부패에 기인한 것이라는 것을 역사 속에서 검증하는 바, 이러한 현실을 극복하기 위한 실험으로써 오늘 군부독재정권 타도의 횃불을 드높인다.

1988년 11월 26일 경향신문 기사.
"15개 대학교 800여 명 도심서 격렬 시위"를 벌였고
"전두환-이순자 부부 구속 등 요구"했다고 나왔다.

태극기 두 장과 일곱 개의 현수막도 건물 벽에 내걸었다. 현수막에는 '군부독재 타도하자!', '파쇼헌법 철폐하라!' 등의 구호가 씌어 있었다.

우리는 그곳에서 최대한 오래 농성을 유지할 생각이었다. 경찰은 12개 중대 2,100여 명과 소방차 8대를 동원하여 물을 뿌리며 진압에 나섰다. 우리는 결사적으로 맞서 경찰의 건물 진입을 두 번이나 물리쳤다.

그러나 세 번째 경찰 진입을 막기에는 무리였다. 우리는 옥상으로 올라가 문을 걸어 잠그고 화염병과 각목을 들고 맞섰으나 경찰의 훈련된 무력에는 미칠 수 없었다. 경찰에 맞아 많은 부상자가 속출했고, 누군가는 옥상에서 뛰어내리다 사고를 당하기도 했다. 결국 모두 붙잡혀 경찰서로 끌려갔다. 아쉽게도 6시간 30분 동안의 점거 농성이었다.

세월이 흘러 이 사건에 대해 민주화운동기념사업회는 다음과 같이 의미를 부여했다.

이 사건은 군사독재 정권에 대한 항거일 뿐만 아니라 군사정권에 형식적 정당성을 부여하고 있는 민정당에 대한 항거였으며, 군부독재 체제를 뒷받침하는 정당구조에 대한 항거였다. 학생들은 이 투쟁을 통해 '군부독재를 타도하기 위해서는 그 제도적 안전장치인 파쇼헌법을 철폐

하는 데 총역량을 결집해야 한다'는 대안을 제시하여 후일 야당과의 연대투쟁을 통한 개헌 운동으로 발전했다.

이후 더 대규모의 사건이 터졌지만, 당시까지는 구속자가 가장 많이 발생한 사건이었다. 그런 만큼 정치적으로나 사회적으로 파장이 컸다. 주동이었던 내게는 당연히 큰 처벌이 기다리고 있었다.

나는 징역 10년 구형에 7년의 선고를 확정받았다. 그때 내 나이가 스물셋이었으니 형기를 다 마치고 나오면 서른이었다. 7년은 너무나 까마득하게 느껴졌고, 서른이라는 나이는 도무지 실감할 수 없었다.

징역의 날들

내 앞에는 무한대의 시간이 놓여 있는 듯했다. 각오는 하고 있었지만, 막상 형이 확정되니 그저 정처 없는 마음이었다. 뭐 하나 눈에 들어오는 것도, 손에 잡히는 것도 없었다.

그때 박문식이라는 사람을 만났다. 서울구치소 '먹방'에서였다. 먹방은 규율을 어긴 수감자를 가둬두는 징벌방을 말한다. 그곳은 딱 한 사람이 겨우 누울 수 있는, 그야말로 관 크기의 공간이었다. 지하에 있는 데다 전구조차 달아 주지 않아 하루 내내 암흑세계였다. 아무리 추워도 덮을 거라곤 담요 한 장이 다였다. 교도소 안의 교도소였다.

나는 구치소 당국의 부당한 처사에 맞서 항의하다 먹방으로 끌려왔다. 박문식도 비슷한 이유로 끌려와 내 옆방에 묵었다. 그는 서울대 경제학과 출신으로, 나보다 다섯 살 위였다. 그는 서울대 운동권 학생들을 배후에서 조종한 혐의를 받고 구속된 상태였다. 이른바 1985년의 '민주화추진위원회(민추위)' 사건이다.

깊은 동굴처럼 캄캄한 먹방에서 우리가 할 수 있는 일이라곤 서로 길고 긴 얘기를 나누는 것뿐이었다. 먹방은 관을 나란히 붙여서 정렬한 것처럼 방이 다닥다닥 붙어 있어서 '통방(다른 방에 있는 죄수들이 서로 연락을 주고받는 일)'을 하기에는 최적의 조건이었다.

박문식의 말들은 내게 하나같이 신기하고 놀라웠다. 나도 남들만큼은 사회과학 도서를 읽었다고 자부했는데, 그의 지식 수준은 차원이 달랐다. 철학, 역사, 경제 등 어느 한 군데 막히는 곳이 없었다. 그는 중요한 저작이지만 번역서가 없는 책들은 영어본으로 읽었다고 했다. 일본어 도서는 기본이었다.

그때가 박문식에게는 두 번째 징역살이였는데, 그는 첫 번째 징역을 살 때 미친 듯이 읽어댔다고 한다. 밥 먹는 시간이 아까워 맹물에 식빵을 씹어가며 책을 읽었다고 했다. 빈말이 아니었다. 무슨 주제가 나오든, 한 번 말문이 트이면 그의 이야기는 꼬리에 꼬리를 물며 이어졌다. 중요한 대목에는 자신이 읽었던 책의 주요 구절을 꼭 인용하기까지 했다.

나는 그에 대한 경외감과 함께 조금이라도 그를 닮아 보고 싶은 마음이 뭉게뭉게 일었다. 먹방에서 나가면 책 속에 파묻혀 살아야겠다는 다짐을 마음속에 꾹꾹 눌러 담았다. 말하자면 그는 무력감에 사로잡혀 있던 내 정수리에 얼음물을 쏟아부어 준 사람이었다.

당시 운동권 출신 수감자들 사이에서는 철학 공부가 유행이었다. 사회 변혁을 이루려면 사상 무장이 가장 중요하고, 그러려면 철학적 기반이 튼튼해야 한다는 이유였다. 그런데 사실은 또 다른 실질적인 이유가 있었다. 이른바 이념 서적들은 구치소 반입이 금지되어 있어서 그나마 쉽게 들어오는 철학서를 택하게 된 결과이기도 했다.

어쨌든 나와 공범인 한 친구는 고대의 플라톤부터 근대의 칸트나 헤겔 등에 이르는 철학 도서를 잔뜩 구비하고 서양철학사를 관통해 내겠다는 다부진 각오를 세우고 있었다. 나도 귀가 솔깃해서 헤겔을 공부해야겠다고 마음먹었다.

얼마 후 면회를 온 부모님에게 헤겔 철학서 몇 권을 구해달라고 부탁했다. 군산의 서점에는 없는 책들이었는데, 한길문고의 전신인 녹두서점에서 수소문해서 구해주었다.

맨 먼저 펼쳐 든 책은 헤겔의 『정신현상학』이었다. 아! 이게 우리말로 된 책인가. 도통 무슨 말인지 알 길이 없었다. 그 의미를 어렴풋이 알아내는데도 한 페이지당 두어 시간은 족히 걸렸다. 10여 페이지 진도를 뽑았다가도 첫 장부터 다시 읽어야 하는 되돌이표 독서가 반복되었다. 그래도 쉽게 포기할 수는 없었다. 부모님이 어렵게 구해온 책인데다 단단히 각오하고 시작한 공부였기 때문이다.

한 보름가량 책 한 권과 씨름하다 끝내 무릎을 꿇고 말았다. 『정신현상학』이 서양 철학을 통틀어 난해한 저작 가운데 하나로 꼽힌다는

精神現象學

G.W.F. 헤겔 著
林 錫 珍 譯

분도出版社

신영복 선생의 말처럼 수감 생활은
나의 또 다른 '대학 시절'이었다.
헤겔의 『정신현상학』 앞에 무릎을 꿇고 나서
다양한 분야의 책을 읽었다.

걸 알게 된 건 한참 세월이 지난 뒤였다. 유치원생이 대학 전공서에 도전한 셈이었다. 하지만 당시의 나로서는 한참 피어올랐던 지적 욕망의 불길이 사그라든 경험이었다.

그 뒤로는 그저 손에 잡히는 대로, 읽기 쉬운 책 위주로 독서를 해 나갔다. 당연히 소설 쪽으로 먼저 손길이 갔다. 박경리의 『토지』, 황석영의 『장길산』, 홍명희의 『임꺽정』 등 대하소설에 푹 파묻혀 살았다.

러시아 문학으로도 눈길을 돌렸다. 막심 고리키의 『어머니』, 니콜라이 오스트롭스키의 『강철은 어떻게 단련되었는가』 등이 내게 강한 인상을 남겼다. 미하일 숄로호프의 『고요한 돈강』을 읽으면서는 돈강 평원의 억센 바람과 그 바람보다 더 억센 사람들의 숨결을 느낄 수 있었다.

그렇게 굳었던 머리를 소설로 말랑말랑하게 만들어 놓으니, 다음 단계로 넘어가 제법 어려운 책도 찾아 읽게 되었다. 물론 어떤 체계를 잡아가며 공부했다고 하기는 어렵고, 그저 마음 가는 대로 책을 읽었을 뿐이다. 얕고 넓은 독서였다. 돌이켜 생각해 보니, 그때 무질서하게 읽어댄 책들이 나중에 기자 생활을 할 때 적잖은 자양분이 되어 주었다. 기자에게는 전문적인 지식보다 여러 방면에 걸쳐 폭넓은 기초지식이 있는 게 더 도움이 되기 때문이다.

『감옥으로부터의 사색』을 쓴 신영복 선생은 20년의 수감 생활을 가리켜 진정한 '나의 대학 시절'이라고 불렀다. 이 표현에는 '책을 통해서 배운다'라는 의미도 있지만, 감옥에서 '사람을 통해서 배운다'라는 의미도 포함되어 있을 것이다.

징역 내내 나는 독방에 살았지만, 그래도 그곳에서 다양한 인간 군상을 접할 기회가 있었다. 특히 1987년 6·29 선언 직후에는 교도소 안의 분위기가 놀라울 만큼 느슨해졌다. 교도소 당국은 시국 사범들을 위해 사동 하나를 통째로 비워 놓고 방문도 다 따주며 우리더러 활개 치고 지내라고 했다.

어느 날 그곳에 낯선, 그러나 범상치 않은 풍모의 사내가 들어왔다. 내 바로 옆 방이었다. 1980년대 전국을 주름잡던 폭력조직 중 하나인 양은이파 두목 조양은이었다. 양은이파는 OB파(두목 이동재), 범서방파(두목 김태촌)와 더불어 전국 3대 조폭으로 불렸다.

교도소 당국이 조양은을 우리 사동으로 보낸 건 아마도 그를 통해 우리의 동태를 살피거나 관리하려는 뜻이었을지도 모르겠다. 아무려나 우리는 신경 쓰지 않았다. 오히려 저녁마다 옹기종기 모여서 그가 풀어내는 이야기보따리에 푹 빠져들었다.

이소룡보다 발을 더 잘 쓴다는 홍콩 조폭과 삼일빌딩 옥상에서 한판 겨룬 이야기, 경쟁 조직을 제거하기 위해 일으킨 명동 사보이 호텔 습격 사건의 내막, 김두한·이정재·이화룡 등으로부터 시작되어 흘러온 조직폭력의 계보도, 여러 조직의 두목들이 살아온 내력과 개인적 특성 등 그의 이야기는 무궁무진했다.

이름만 대면 알 만한 어느 조직의 보스는 어렸을 때 소아마비를 앓아 몸이 불편했다고 한다. 홀어머니가 술집을 운영하며 어린 그를 키웠는데, 어머니는 아들이 친구 없이 혼자 집에 있는 게 마음에 걸려 주변의 또래 아이에게 돈을 쥐어 주며 아들과 놀아 달라고 당부했다. 그 맛에 또래 아이들이 장래의 보스 주변에 꼬이기 시작했다. 몸이 불편한 아이는 일찍부터 돈으로 사람을 부리는 방법을 깨닫게 되면서 점차 조직의 우두머리로 성장했다는 것이다.

조양은은 자신이 주먹 세계에 들어온 연유도 이야기했다. 그는 어렸을 때부터 개구졌는데, 아버지가 무섭도록 엄격했다고 한다. 하루는 조양은이 작은 사고를 치자 아버지가 발을 묶어서 집 앞 감나무에 거꾸로 매달아두었다. 그는 잘못했다는 말이 죽어도 하기 싫어서 밤새 그렇게 매달려 있다가 혼절하고 말았다. 자신이 뒷골목 세계로 들어선 데는 지나치게 엄격한 아버지에 대한 반항심이 작용했다는 것이다.

그는 '천일야화'를 들려주는 이야기꾼이었을 뿐만 아니라, 실제로 시국사범들이 필요한 물건들을 구해주는 역할도 해주었다. 당시는 재소자에게 필기도구를 허용하지 않았는데, 그는 볼펜 심을 구해서 우리에게 몰래 전달해 주기도 했다.

나는 일반수들과도 어울려 지내며 그들의 이런저런 사연을 많이 들었다. 그 얘기들을 듣다 보면 어느 순간 내가 곧 그들이 될 때가 많았다. 그들은 하나같이 가난에 찌들고 불우한 부모님을 만나 한없이 상처 입은 존재들일 뿐이었다. 워낙에 가진 것이 없어서, 또 자라면서 사랑받은 기억이 없어서 그렇게 생이 흘러간 사람들이었다.

그중에 김만복이라는 사람이 있었다. 얼굴이 말갛고 성격이 차분해서 도저히 범죄자 같아 보이지 않았다. 그는 속칭 '재비(교도소 안에서 소매치기를 이르는 말)'였다. 그것도 전과가 꽤 많았다.

김만복은 하나뿐인 누나를 그리워하곤 했다. 어머니가 일찍 돌아가시고 아버지는 집을 나가 버려 예닐곱 살 때부터 남매끼리 험한 세상을 헤치며 살아왔다고 했다. 자신이 어긋날 때마다 누나가 눈물 바람으로 말리고는 했는데, 이제는 지쳤는지 소식이 끊겼다는 것이다.

그는 누나가 장사를 한다는 어느 재래시장의 가게 주소를 내게 적어주었다. 나는 그 메모지를 보관해 두었다가 나중에 출소한 뒤 찾아가 보았다. 그의 누나는 시장에서 생선이나 반찬거리를 팔고 있었다.

"김만복 씨 누님이시죠?"

누나는 내 물음을 듣자마자 땅바닥에 털썩 주저앉았다.

"우리 만복이가 죽었나요?"

"아, 아닙니다. 잘 지냅니다. 그저 동생분 소식을 전해드리려고 왔습니다."

그의 누나는 말을 잇지 못했고, 나는 김만복의 근황만 전해주곤 허겁지겁 시장을 빠져나왔다.

몇 년 뒤, 그 김만복이 내가 일하고 있던 신문사로 찾아왔다. 그는 말쑥하게 양복을 빼입었고, 옆에는 젊은 여자가 서 있었다. 결혼할 사이라고 내게 소개했다.

우리는 점심을 함께했는데, 그는 밥을 먹는 동안 내가 모르는 이야기를 늘어놓았다. 교도소 이야기는 쏙 빼고, 온통 자신을 치장하는 거짓말들이었다. 동행한 여자를 속이는 데 나를 이용한 것이다. 여자가 잠시 자리를 비웠을 때, 그는 목소리를 낮춰 통사정했다.

"부탁이야. 내가 진짜 사랑하는 여자거든. 결혼할 수 있도록 좀 도와줘."

마음이 무척 불편했지만, 여자 앞에서 사실을 밝힐 수는 없었다. 평생 지독히도 재수 없이 살아온 김만복에게 그 여자는 처음으로 찾아온 행운일지도 모를 일이었다. 그걸 깨뜨리는 건 너무 잔인한 일이 아닐 수 없었다.

그 뒤로도 나는 간간이 전화 통화로 김만복의 안부를 들었다. 그러던 어느 날 그의 누나로부터 갑작스러운 연락이 왔다.

"우리 만복이가 죽었어요."

전화기 너머로 흐느끼는 소리가 들렸다.

퇴근 뒤 김만복의 빈소를 찾아갔다. 꽃도 없고, 영정도 없고, 조문객조차 없었다. 그의 누나 홀로 빈소를 지켰고, 술에 취한 매형이 안팎을 들락거릴 뿐이었다. 나는 그가 왜 죽었는지 물어보지 않았고, 그의 누나도 아무런 말을 하지 않았다. 나는 그저 절 한 번 하고 잠시 빈소를 지키다 일어섰다. 마음에 찬 바람이 휭하니 불었다.

어설픈 프레스공

1988년 3월에 나는 공주교도소에서 풀려났다. 2년 반가량 복역했으니 짧은 기간은 아니었다. 그래도 원래 받은 선고 형량이 7년인 걸 생각하면 퍽 일찍 나온 셈이다. 징역에 있는 동안 밖에서 치열하게 전개된 민주화운동 덕이었다.

나는 1987년 6월 민주항쟁 이후 치러진 대통령 선거에서 민주 진영이 이기고 풀려나기를 고대했다. 그랬다면 감격스러운 석방이었을 터였다. 하지만 쿠데타 세력의 일원인 노태우가 당선되었다. 나의 때 이른 석방은 아이러니하게도 노태우의 대통령 당선을 축하하는 사면복권이었다. 석방은 당연히 좋았지만, 마냥 기쁜 마음일 수가 없었다.

나는 학교에 복학하여 남아 있던 한 학기를 마치고 졸업하였다. 이제는 삶의 진로를 고민해야 할 시간이었다. 무엇을 할 것인가.

당시는 학생운동을 마치면 노동 현장이나 운동 조직에 투신하는 게 최우선의 선택처럼 되어 있었다. 국어사전에서 투신은 '어떤 분야에 몸을 던져 일을 함' 혹은 '목숨을 끊기 위하여 몸을 던짐'이라고 나온다. 노동 현장에 투신한다는 건 그만큼 결연한 의지를 요구하는 것이었다.

학생운동 출신의 노동 현장 투신은 이미 1970년대부터 광범위하게 이루어지고 있었다. 변혁 운동에서 노동운동의 중요성을 인식한 결과였다. 이에 대해 낭만적인 현장주의라는 비판이 없었던 건 아니다. 그러나 정치 투쟁을 위한 대중 활동으로서 노동 현장은 중요하게 여겨질 수밖에 없었고, 나 역시 그렇게 생각했다.

솔직히 말해야겠다. 가까운 동료들의 선택이 그랬으니 나 역시 그랬던 점도 없진 않았다. 그리고 내가 가야 할 다른 길이 별달리 없어 보였다. 학생운동 초반에 내 안에서 작용하고 반작용하던 힘의 균형은 어느새 무너졌다. 세 개의 '억지 감투'와 징역 생활을 하고 나서는 운동가의 길로 가야겠다는 힘이 훨씬 크게 작용했다.

고려대 출신 '빵잽이들'이 중심이 된 작은 조직이 만들어졌고, 경기도 수원으로 함께 내려갔다. 자취방을 잡고, 각자 취직자리를 구했다.

얼마 뒤 나는 삼성전자의 어느 하청 공장에 취업했다. 냉장고, 세탁기, 텔레비전 등에 쓰는 크고 작은 금속판을 찍어내는 회사였다. 직원 규모가 300여 명 정도였으니 그리 작은 회사도 아니었다.

당시 수원의 모습

처음엔 모든 게 순조로운 듯했다. 오전 일과를 마치면 구내식당에서 후다닥 점심을 먹었고, 족구를 하거나 담배를 피우며 조금씩 동료들과 친해졌다. 월급날이면 몇몇이 어울려 수원의 번화가인 인계동까지 나가 술잔을 기울이기도 했다.

내가 동료들 사이에서 점수를 따게 된 계기는 월급 계산이었다. 1988년 당시는 '87년 노동자 대투쟁' 직후였고, 최저임금이 도입된 첫해였다. 나이 어린 노동자들도 자신의 권리에 눈을 뜨기 시작한 때였다.

매달 월급 봉투를 받으면 그 뒷면에 한 달 동안 일한 시간과 야근수당, 휴일수당 등이 계산되어 적혀 있었다. 그런데 계산이 회사 편에서 유리하게 되어 있는 경우가 많았다. 갓 스물 남짓의 노동자 동료들은 계산 방식을 잘 알지도 못했고, 설혹 억울한 경우를 당해도 어찌해야 할지를 몰랐다.

나는 동료들의 급여 계산을 살펴주곤 했는데, 그 소문이 나자 나이 어린 친구들이 하나둘 찾아오기 시작했다. 나는 그들이 일한 시간, 초과 근무, 휴일수당 등을 계산해서 얼마를 받아야만 하는데 얼마를 못 받았다고 알려 주었다. 그들은 나와 상담을 마치고 회사 총무과에 찾아가 따져서 못 받은 걸 받아낼 수 있었다. 그런 친구들과 가까워졌다. 그들과 함께 뭔가를 할 수 있는 시간이 다가오는 것 같았다.

그러나 문제는 나의 노동 능력이었다. 회사는 생산성을 높인다는 명목으로 직원들 300여 명이 전날 프레스로 찍어낸 물량을 일일이 계산했다. 그걸 1등부터 300등까지 순위를 매겨 다음 날 아침 공장 출입구에 붙였다. 그걸 볼 때마다 고등학교 때 시험이 끝나면 학교 게시판에 공고되던 학년 석차와 성적을 바라보는 기분이었다.

'하, 경쟁주의 이데올로기의 그물망은 참으로 넓고도 질기군.'

내 순위는 최하위권이었으니 당연히 기분이 좋을 리가 없었다. 그래도 처음엔 그다지 신경을 쓰지 않았다. '아직 일이 손에 익지 않아서'라고 스스로 위로했고, 동료들도 그런 마음에서 너그럽게 봐주는 눈치였다.

하지만 내 순위가 계속 바닥을 기자 슬슬 주위 눈치가 보이기 시작했다. 동료들의 눈길에서도 슬슬 한심하다고 여기거나 무시하는 게 느껴졌다. 월급 계산으로 가까워진 나이 어린 동료들도 나를 딱하다는 눈길로 쳐다보았다.

체면이 말이 아니었다. 노동운동을 하러 왔는데, '노동'부터 못하니 '운동'은 머나먼 일이었다. 동료들로부터 신뢰받지 못한다는 점이 마음을 괴롭혔다.

그러다 결국 큰일이 터지고 말았다. 어느 날 나는 대형 냉장고의 뒤판을 찍어내는 일을 맡았다. 프레스 기계 크기가 집채만 했다. 하달된 물량을 늦지 않게 채우느라 속도를 내다 나는 큰 착오를 하고 말았다. 아뿔싸, 앞면과 뒷면을 바꿔서 찍어대고 있었다.

언뜻 보면 냉장고 뒤판의 앞면과 뒷면이 똑같아 보여도, 코팅 처리가 미세하게 달랐다. 나는 이미 수십 장을 뒤집어서 찍고 있었다. 그런 물건은 납품할 수 있는 완성품이 되지 못하고 '기레빠시(재료를 자르고 남은 자투리 부분)'로 처리해야만 했다.

작업반장이 놀라서 달려왔다.

"야, 이 새끼야, 지금 정신을 어디에 두고 있어?"

반장은 동료들이 보는 앞에서 험악한 욕설을 퍼부어댔다. 안 그래도 일을 못 한다고 점점 구박의 강도를 높여오던 차였다.

"내 실수이긴 해도 일하다 보면 착각할 수도 있죠! 왜 이 새끼, 저 새끼 욕을 합니까?"

나도 참지 못하고 같이 대거리를 했다. 반장은 분에 못 이겨 끼고 있던 장갑을 벗어 던졌다.

"네가 뭘 잘했다고 말대꾸야!"

반장이 내 멱살을 낚아챘다. 아! 그런데 그의 오른손 손가락 세 개가 없었다. 엄지와 검지뿐이었다.

반장은 소년 시절부터 이 공장에서 일하며 프레스만 밟다가 손가락 몇 개를 날렸다. 그 덕분에 작업반장까지 올라갔다. 아니, 회사가 그에게 피해액을 보상해 주지 않고 대신 승진으로 때운 것이다.

반장의 잘린 손가락을 보는 순간 나는 머리가 하얗게 되어 아무런 말도 나오지 않았다. 무릎에 힘이 풀렸다. 나는 휘청거리며 공장을 빠져나왔다. 아무도 잡지 않았다. 그걸로 회사와는 끝이었다.

나는 며칠 동안 자취방에 틀어박혀 어찌해야 할지를 고민했다. 함께 수원으로 내려왔던 대학 친구들은 회사를 옮겨 다시 시작하라고 충고했다. 나는 도저히 그럴 자신이 없었다. 단지 그날의 충격 때문만은 아니었다. 공장 생활을 하는 동안 서서히 내 안에 쌓인 회의감이 컸다. 무엇보다 나는 노동 현장에 대한 자신감이 떨어졌다.

며칠 후 내가 속해 있던 조직의 윗선을 찾아갔다. 그에게 수원을 떠나야겠다고 말했다. 나랑 동갑으로 연세대 출신이었던 그는 나를 몰아세웠다.

"그런 태도는 의식이 투철하지 못하고 의지 또한 허약한 데서 나오는 겁니다."

나는 인정했다. 그러고는 곧장 이불 보따리와 옷가지를 챙겨 수원을 떠났다.

가을 초입에 수원에 내려왔는데, 그사이 해가 바뀌어 어느덧 수원천의 얼음이 풀려 가고 있었다. 그때 내 의식과 의지를 비판하던 윗선은 얼마 전까지 윤석열 정부에서 대통령실의 종교다문화비서관을 하다 사퇴한 김성회였다.

생계의 갈림길

패잔병같이 무거운 발걸음으로 수원을 떠났지만, 그렇다고 '전선'에서 아주 이탈할 생각은 없었다. 처음엔 고향 군산에서 풀뿌리 민주화운동을 해볼까 생각했다. 수원의 실패로 얻은 회의감을 털어내고, 새로운 마음으로 밑바닥에서부터 다시 시작해보고 싶었다.

이런저런 생각 끝에, 나는 지금은 작고한 군산 한길문고의 이민우 선배를 찾아갔다. 평소 아는 사이는 아니었다. 그가 군산 운동권의 핵심이라는 소문을 들어서였다. 지금은 부인이 운영하는 한길문고가 군산에서 가장 큰 서점이고 시민들의 문화공간으로 자리 잡았지만, 당시만 해도 구멍가게처럼 작은 서점이었다.

무작정 찾아갔는데도 선배는 나를 따뜻하게 맞아 주었다. 그는 살림방인 서점 뒷방으로 나를 데리고 가 김치찌개에 소주 몇 병을 내놓았다. 우리는 밤새 긴 이야기를 나눴다. 하지만 무슨 뚜렷한 답을 찾지는 못했다.

그때 가장 내 마음을 무겁게 한 건 안정되지 못하고 험할 수도 있는 꼴을 부모님이 가까이서 지켜봐야 한다는 것이었다. 그것이 내내 마음에 걸렸다. 그날 밤을 새우고 다시 짐을 싸서 서울로 향했다.

서울에서 내가 찾은 곳은 전국민족민주운동연합(전민련)이었다. 전민련은 1985년 결성된 민주화운동 단체 민주통일민중운동연합(민통련)의 후신이다. 1987년 대선을 겪으면서 민주 진영은 '비판적 지지'냐 '후보 단일화'냐를 놓고 갈라졌다. 이 분열을 극복하기 위해 1989년 1월에 다시 민주 세력의 전국적 통합 조직으로 전민련이 창립되었다.

전민련은 문익환·계훈제·박형규 목사 등이 어른(고문)으로 있었고, 이부영·김근태·장기표가 각자 다른 직함을 가진 채 트로이카로 이끄는 조직이었다. 나는 이곳에서 간사 직함으로 일했다. 함께 일했던 선후배 중에는 나중에 국회의원이 된 김성식, 민병두, 정봉주, 이인영 등이 있었다.

그런데 전민련의 진로를 놓고 민감한 논쟁이 불붙었다. 영등포 을구 재선거가 계기였다. 그 선거를 둘러싸고 이견이 발생했다. 장기표가 중심이 되어 전민련을 정당 체제로 전환하여 선거에 나서야 한다는 주장이 나왔다. 이에 반해 김근태는 전민련이 전국적인 연합단체로서 유지되어야 한다고 반박했다.

후배들이 보기에 둘은 평생 동지면서도 묘한 경쟁의식이 발동한

1989년 1월 21일 전민련 결성대회.
공장에 다닐 때는 노동 능력이 문제더니, 전민련에서는 생계가 문제였다.

듯 보였다. 장기표가 젊은 간사들을 불러 모아 자신의 논리를 펴면, 다음 날은 김근태가 똑같이 간사들을 모아 반박을 하는 일이 며칠 동안 이어졌다. 둘은 논리도 성격도 너무 달랐다.

김근태는 한번 말을 시작하면, 그 말을 그대로 녹음해서 받아써도 한 편의 논문이 될 만큼 논리적이고 이성적이었다. 이와 달리, 장기표는 변화하는 정세를 민감하게 포착하여 가슴으로 뜨겁게 말하는 스타일이었다. 우리는 김근태의 이야기를 들으면 그 말이 맞고, 장기표의 말을 들으면 또 그쪽으로 마음이 기울어졌다. 이 '합법 정당 논쟁'을 거치며 전민련은 이후 분열로 나아가게 되었다.

그때만 해도 비록 대선에서는 패했지만 1987년 6월 민주항쟁의 여진이 남아 있어서 전민련 활동은 비교적 자유로웠다. 하지만 노태우 정권의 중간평가를 둘러싼 긴장이 높아갔고, 문익환 목사의 방북으로 정국의 긴장이 고조되었다. 바야흐로 다시 공안의 시대로 회귀하고 있었다.

어느 날, 전민련 실무자들의 회의 시간이었다. 정체 모를 괴한 수십여 명이 갑자기 사무실 문을 걷어차고 들이닥쳤다. 손에는 각목과 쇠파이프를 들고 있었다. 짧게 머리를 깎고 검은색 양복을 똑같이 맞춰 입은 깡패들이었다. 훤한 대낮이었다.

우리는 손에 잡히는 대로 물건을 집어들고 저항해 보았으나 역부족이었다. 깡패들은 각목과 쇠파이프를 닥치는 대로 휘둘러댔다. 나는 책상 밑으로 숨었으나 그들이 내려치는 각목을 피할 수는 없었다.

그렇게 한바탕 난리를 피우고 깡패 일당이 사라졌다. 경찰에 신고했으나, 경찰은 굼벵이보다 느렸다. 그 대신 한겨레신문 기자들이 먼저 사무실로 달려왔다.

기자들은 앞뒤 상황을 물어보고, 피해 상황도 확인했다. 나에게도 옷을 벗어보라고 해서, 각목에 맞아 퍼렇게 멍든 등짝을 내보여주기도 했다. 한겨레신문 기자를 처음 만난 순간이었다. 그리고 한겨레신문에 호감과 막연한 선망을 갖게 된 계기이기도 했다.

그즈음 나는 다시 '이직'의 고민에 사로잡혔다. 전민련 내부의 노선 대립이나 깡패들에게 당한 폭력 때문만은 아니었다. 내가 다른 일을 심각하게 고려하게 된 건 무엇보다 경제적인 문제, 즉 생계의 고민이었다.

수원에서 공장을 다닐 때만 해도 돈 문제가 큰 걱정은 아니었다. 비록 최저임금 수준이었지만 방세를 내고 하루 세 끼를 먹는 데는 부족함이 없었다. 하지만 전민련에서는 사정이 달랐다. 초창기에는 일주일에 만 원 남짓이라도 나눠주곤 했는데, 내부가 어수선해지며 그마저도 끊겼다.

어차피 간사라는 일에 대가가 거의 없을 것을 각오한 터라, 나는 생계 유지를 위해 과외를 했다. 낮에는 경희궁 근처 전민련 사무실에서 일하고, 밤에는 강남으로 과외를 하러 가는 게 어느덧 일상이 되었다.

그런데 갈수록 시국이 엄혹해지자 농성이 이어졌고, 전민련 사무실에서 이런저런 대책을 세우느라 밤늦게까지 토론하고 일을 처리해야 하는 날이 많아졌다. 나는 눈치를 봐가며 몰래 몸을 빼서 과외 시간에 맞춰가긴 했지만, 영 마음이 불편했다.

어느 날인가는 몰래 사무실을 빠져나가다 선배의 눈에 들켰다.

"아니, 다들 바쁜데 어딜 가는 거야?"

"뭐, 일이 좀 있어서요. 실은······."

나는 우물쭈물하다 결국 자초지종을 설명했다. 그런데 선배의 반응은 너무 싸늘하기만 했다.

"민주화운동 하는 사람이 무슨 과외야? 하루하루를 온통 투입해도 시원찮을 텐데."

이 말은 내게 너무 야속하게만 느껴졌다. 맞는 말이기도 하지만, 그야말로 대책 없는 말이기도 했다. 공장에 다닐 때는 내 노동 능력이 문제더니, 전민련에서는 실존적인 생계가 문제였다.

그런 고민을 하던 중에 한겨레신문이 확 마음에 들어왔다. 민주 언론에서 일하면서 현실적인 생계 문제도 해결할 수 있는 곳. 그곳이 한겨레신문사였다. 한겨레신문과 언론 활동에 마음이 꽂히자 점차 그 길이 나에게 최적의 진로처럼 여겨졌다.

나는 기자의 길로 가기 위해 징역 나와서 두 번째로 일터를 그만두었다. 1989년 가을의 일이었다.

4장
기자로서 지켜본 세상

떨어질 때도, 붙을 때도 11등

    진로를 정했지만 마음만 앞섰을 뿐 준비된 것은 없었다. 내가 준비해야 할 것은 입사 시험이었고, 가장 걱정스러운 건 영어 과목이었다. 고등학교 졸업 이후로 거들떠보지도 않았던 영어가 현실적인 문제로 다가왔다.

    집 안을 뒤져 고등학교 때 보던 '영어 참고서의 고전'『성문종합영어』를 꺼내 들었다. 고등학교 때도 쉽지 않았지만 오랜만에 다시 보니 더 어려워진 것만 같았다. 마침 집에는 고등학교를 갓 졸업한 막냇동생이 보던 『맨투맨종합영어』가 있었다. 『성문종합영어』의 쉬운 해설서라고 할 수 있었다.

    또 남들이 다들 보길래 영어 단어를 공부하기 위한 『보캐블러리 22000』이라는 책도 샀다. 일단 이 책들을 붙들고 무작정 시작했다. 그러나 몇 달 공부한다고 바닥에 있던 영어 실력이 쉬이 늘지는 않았다.

몇 달 뒤인 1990년 봄에 한겨레신문사 공채시험이 있었다. 1차 시험은 객관식이라 어떻게 통과했지만, 2차 시험은 주관식이었다. 그나마 영문 해석은 상상력과 추리력을 총동원하여 꾸역꾸역 채워넣었다. 그러나 영어 작문에는 제대로 손도 대지 못했다. 당연히 탈락이었다.

한겨레신문사의 높은 벽을 절감하고는 다시 무엇을 해야 할지 고민에 빠졌다. 그러고 있을 때, 고등학교 은사님으로부터 전화가 왔다. 조성용 선생님이었다.

선생님은 군산제일고등학교 교사였다가 한국방송공사^{KBS} 남원방송국에서 재직하던 중 '오송회' 사건의 피의자가 되었다. 2년 6개월의 옥고를 치르고 나와 그때 전주에서 한겨레신문사 지국장을 하고 있었다. 선생님은 내가 시험에 탈락했다는 소식을 듣고 연락한 거였다.

내가 고등학교에 다니던 시절 선생님은 이미 방송국으로 전직한 터라 직접 배우지는 않았지만, '오송회' 사건이 인연이 되어 사제지간의 연을 맺었다. 선생님은 늘 친자식 못지않게 나를 걱정하고 아껴주었다.

선생님은 짧은 안부 얘기에 이어 거두절미하고 말했다.

"의겸아, 내가 한겨레 본사에 연락하여 알아봤다. 이번에 신입 기자 10명을 뽑았다는데, 네가 11등이었단다. 너무 아까우니 한 번 더 준비해 봐라. 다음엔 한 등수라도 올라가지 않겠냐?"

선생님의 전화는 내게 아주 시의적절했다. 포기할 뻔했던 한겨레

1991년 서울 마포구 공덕동 한겨레신문사 전경.
한겨레신문사 채용에 합격한 것은
내 인생에서 가장 기쁜 일 중 하나였다.

신문 기자에 다시 도전하게 된 건 순전히 조성용 선생님의 조언 덕이었다.

몇 달 뒤 다시 한겨레신문의 신입 기자 공채 공고가 나왔다. 한겨레신문이 한참 성장하던 시기라 기자가 많이 필요했던 시절이었다. 그런 사정도 내게는 행운이었다.

공식적인 합격자 발표 전날 저녁에 나는 시내로 나갔다. 다음 날 아침에 배포될 한겨레신문에서 합격자 명단을 조금이라도 빨리 보려고 지하철 시청역의 신문 판매대를 찾은 것이다. 당시는 조간으로 나갈 신문을 전날 저녁에 사대문 지하철역의 신문 판매대에서 팔던 시절이었다.

'야호!'

한겨레신문에서 내 이름을 확인하는 순간 마음속으로 환호가 터지며 날 듯이 기뻤다. 그 흥분에 사로잡힌 채 시청역에서 성동구의 행당동 자취방까지 먼 길을 걸어서 왔다. 추운 날씨였는데도 따뜻한 구름 위를 나는 기분이었다. 내 인생에서 가장 기뻤던 순간으로 세 손가락 안에 들어갈 것이다.

세월이 한참 흐른 뒤, 기자 입사 동기가 한겨레신문사 사장이 되었다. 그는 사장이 되고 어떤 감회에 사로잡혔던가 보다. 그는 자신의 젊은 시절이 그리웠던지 회사에 보관되어 있던 옛날 기록을 뒤져보았던 모양이다. 덤으로 우리 입사 동기들의 기록도.

어느 날 그 사장 친구가 내게 전화를 걸어 해묵은 사실 한 가지를 알려주었다.

"의겸아, 너의 입사 시험 성적이 놀랍던데. 너는 떨어질 때도 11등이었고, 붙을 때도 11등이더라."

놀림인지 칭찬인지 모를 소리였다. 아무려나 팩트를 확인한 셈이었다.

한겨레신문사에서는 1990년 초에 10명의 기자를 뽑았고, 그해 말에는 11명을 뽑았다. 나는 두 번 다 11등이었는데, 한 번은 떨어지고 한 번은 붙었다.

강기훈 유서 대필 조작 사건

한겨레신문의 기자가 되고 얼마 지나지 않은 햇병아리 시절, 나는 대형 사건과 맞닥뜨렸다.

1991년 5월 8일, 전민련 사회부장 김기설은 서강대 옥상에서 노태우 정권 퇴진을 주장하며 분신했다. 그런데 수사 당국에서는 김기설의 유서를 전민련 동료 강기훈이 대필하고 자살을 방조했다는 혐의를 제기했다. 이른바 강기훈 유서 대필 조작 사건이다. 내게는 이 사건이 초년 기자 시절부터 지금까지 여전히 지속되고 있는 것처럼 여겨진다. 그만큼 파장이 컸고, 마음에 남아 있다.

사건 당시 강기훈과 내가 함께 찍힌 사진이 있다. 사진에서 중앙의 책상 앞에 앉아 있는 이가 강기훈이다. 그 옆에서 뿔테 안경을 쓴 내가 책상 위에 한 손을 짚고 취재 노트에 뭔가를 기록하고 있다. 장소는 명동성당 뜰이다.

강기훈은 유서 대필과 자살 방조의 누명을 쓰게 되자
명동성당에서 기자회견을 열었다.

강기훈은 유서 대필과 자살 방조의 누명을 쓰게 되자 명동성당에서 기자회견을 열었다. 사진은 당시의 장면인데, 강기훈이 김기설 유서의 필적과 자신의 글씨체가 다르다는 걸 증명하기 위해 사람들 앞에서 유서를 베끼며 보여주고 있다.

사진 속 나도 젊지만, 강기훈의 모습은 젊다 못해 앳돼 보이기까지 한다. 그때 그를 보면서 참 단정하고 깨끗하게 생겼다고 느꼈더랬다. 그런데 그때부터 억울한 누명을 쓴 채로 보낸 치욕과 고통의 30여 년은 그의 곱던 모습을 망가뜨렸다.

강기훈 유서 대필 조작 사건은 당시 정국 상황과 관련이 있다. 대학가에서는 연일 노태우 정권의 실정에 맞서는 반정부 시위가 있었는데, 1991년 4월 26일에 명지대 학생 강경대가 시위 도중 경찰의 쇠 파이프에 맞아 숨졌다. 그때부터 전국 각지에서 대학생들이 정권 퇴진을 외치며 분신으로 연달아 목숨을 끊었다. 이른바 '분신 정국'이었다.

김기설의 분신도 그 연장선에 있었다. 연이은 분신 사건이 일어나자 정부와 검찰에서는 '분신의 배후 세력'을 운운하며 마치 특정 세력이 기획한 결과인 것처럼 호도했다. 이어지는 분신으로 반정부 분위기가 고조되는 것을 차단하고, 민주 세력을 비윤리적인 집단으로 몰아붙이려는 의도가 아닐 수 없었다.

강기훈은 그런 분위기 속에서 검찰에 의해 유서 대필자로 지목되었다. 노태우 정권이 위기를 벗어나기 위해 내가 얼마 전까지 일하던 단체의 동료 두 사람을 제물로 삼은 것이다. 특히 분신한 김기설은 내가 전민련에서 했던 일을 맡고 있었으니 내 후임이나 마찬가지였다.

내가 그 사건과 관련하여 강기훈과 처음 단독으로 만난 건 막 수습기자 딱지를 뗀 1991년 5월 18일이었다. 그날은 명지대 강경대의 장례식이 있었다. 장례 행렬을 따라 취재를 하고 있는데, 삐삐가 요란하게 울렸다. 무조건 강기훈을 찾아내서 신문사로 데리고 들어오라는 지시였다.

마침 행렬의 군중 사이에 있는 강기훈이 눈에 띄었다. 나는 그의 손목을 잡아끌고 다짜고짜 회사 차에 태웠다. 강기훈과 함께 회사에

도착하니, 선배 기자는 분신한 김기설의 유서를 내보이며 강기훈에게 그 내용을 다른 종이에 써보라고 했고, 강기훈은 얼결에 그렇게 했다. 그때만 해도 우린 사태의 엄중함을 깨닫지 못했다.

"에이~ 필체가 영 다른데?"

선배는 김기설의 유서와 강기훈이 쓴 글을 보고 한눈에 다르다고 판단했다. 내가 봐도 그랬다.

그런데도 그날 모 석간신문에는 김기설의 유서가 대필되었다는 의혹이 보도되었고 대필자는 강기훈으로 지목되었다.

"그 기사는 완전히 상상력으로 쓴 거네. 그거야말로 배후가 의심되는데?"

선배는 그렇게 결론을 내렸다.

나는 그 뒤로 강기훈 취재 담당이 되었다. 김기설의 필체를 찾아다니고, 그것을 사설 감정인들에게 의뢰해 강기훈의 억울함을 풀어보려고 했다. 강기훈의 글씨체와는 다른 김기설의 새로운 필체가 나타날 때마다 '이제는 검찰이 수사를 끝내겠지' 하고 기대를 걸었다.

하지만 매번 좌절이었다. 검찰은 어떤 새로운 증거가 발견되어도 다 조작이라고 했다. 특히 김기설이 전민련에서 쓰던 수첩이 발견되었을 때가 그랬다. 수첩에 적힌 글은 누가 봐도 유서와 동일한 필적이었다.

그 수첩을 검찰에 가져다줄 때 나는 이석태 변호사(전 헌법재판소 헌법재판관)와 함께 차를 타고 검찰청으로 향했다. 차 안에서 이석태 변호사가 자신감을 내보였다.

"이걸로 상황은 다 끝났습니다. 아주 명백한 물증이니까요."

그의 안도하던 얼굴이 지금도 생생하다. 그리고 수첩을 건네받은 신상규 검사가 당혹스러운 표정을 짓던 일도 잊지 못한다.

그런데 며칠 뒤 검찰은 '수첩의 절취선이 맞지 않는다'라며 수첩 자체가 김기설의 것임을 부정했다. 그 수첩마저 강기훈이 급하게 조작한 것이라고 강변하고 나섰다. 상황은 다시 원점으로 돌아갔다.

'뭔가 다른 방법이 더 없을까? 더 결정적인 방법이!'

나는 검찰의 억지를 바로잡기 어렵겠다는 생각이 들었지만 포기할 수 없었다. 김기설의 여자 친구를 만나면 해결책이 나올 것 같았다. 김기설이 분신 전날과 아침에 여자 친구와 연락했다고 했으니 사건의 향방을 결정지을 중요한 증인이기도 했다.

생각이 여기에 이르자 즉시 그의 여자 친구 홍 아무개 씨를 찾아 나섰다. 마침 검찰이 홍 씨를 빼돌려 성남에 사는 표 씨라는 사람의 집에 숨겨놓았다는 제보를 받았다.

'김 씨나 이 씨나 박 씨도 아니고, 표 씨라면 희성이니 한번 찾아볼 만하겠어.'

이런 생각으로 나는 성남의 동사무소란 동사무소는 다 뒤져가며 표 씨의 집을 하나하나 확인해갔다. 발바닥이 아파질 즈음, 드디어 어느 집 앞에 걸린 표 씨 문패를 확인했다.

그런데 대문을 열고 집에 들어서려는 순간, 갑자기 체격이 건장한 형사가 나타나 내 앞을 가로막았다. 그는 다짜고짜 내 팔을 세게 잡고 목소리를 높였다.

"당신 뭐야? 이 주변에서 강간 사건이 발생했는데, 당신이 용의자와 인상착의가 흡사하네. 나하고 경찰서까지 같이 가자고."

형사는 골목 밖으로 나를 끌고나갔다. 그의 말은 억지스러웠고, 오히려 내가 집을 제대로 찾았다는 확신이 들었다.

형사에게 끌려 경찰서에 도착하여 잠시 어수선한 틈을 타서 나는 재빠르게 도망쳤다. 표씨의 집을 향해 온 힘을 다해 달렸지만, 형사는 나보다 발이 빨랐다. 나는 다시 붙잡혀서 경찰서로 끌려갔다.

그날 저녁, 검찰은 자신들이 홍씨의 신변을 보호 중이라고 인정했지만 홍씨를 이미 다른 곳으로 옮긴 뒤였다. 결국 강기훈은 구속되었고 자살 방조 혐의, 이적단체 가입, 이적 표현물 소지 등의 혐의로 기소되었다.

이듬해 강기훈은 1심 법원으로부터 징역 3년에 자격정지 1년 6월을 선고받았다. 이내 대법원에서 원심대로 판결이 확정되었고, 강기훈은 1994년 8월 17일에 만기 출소했다.

강기훈이 억울한 누명을 벗기까지는 길고 험난한 세월을 넘어야 했다. 사건 발생 16년 만인 2007년 11월 13일, 대한민국 진실·화해를 위한과거사정리위원회는 강기훈 유서 대필 의혹 사건에 대한 진실 규명 결정을 내렸다. 그리고 국가의 사과와 재심 등의 조치를 권고했다.

다시 2012년이 되어서야 대법원의 재심 개시 결정이 나왔다. 2014년 2월 13일, 서울고등법원에서 재심 판결이 있었다. 재판부는 과거 사건 당시 검찰이 제시한 필적 감정이 신빙성이 없으며, 유서 대필 및 자살 방조에 대해 무혐의와 무죄로 판결하였다.

이에 검찰이 판결에 불복하여 대법원에 상고하였고, 2015년 5월 14일에 대법원의 판결이 있었다. 그날도 나는 법정을 찾았다. 내 마음속에서 여전히 지속되고 있던 그 사건의 끝을 보고 싶었다. 이창복, 이부영 등 전민련을 이끌었던 민주화운동의 원로들을 비롯하여 당시 전민련에서 활동했던 여러 실무자들이 눈에 띄었다.

얼마나 오래 기다린 판결인가. 하지만 판결은 너무나 간단했다.

"사건번호 2014도2946 피고인 강기훈. 검사 상고를 기각한다."

대법관이 이 주문을 낭독한 것으로 끝이었다. 그렇게 강기훈의 무죄가 최종적으로 확정되었다.

방청인들은 너나없이 허탈한 표정으로 말없이 법정을 빠져나왔다. 서로 손을 맞잡으면서도 기쁜 기색이 없었다.

"저 한마디를 듣자고 24년을 기다렸단 말인가."

누군가 낮은 목소리로 말했다.

그 뒤 이른 점심 자리가 이어졌는데, 막걸릿잔이 빠르게 돌아갔다.

강기훈은 무죄를 선고받았지만 여전히 투쟁 중이다.
억울하게 옥살이를 한 그가 국가를 상대로 낸 손해 배상 청구 소송은
아직 마무리되지 않았다.

다들 강기훈과 얽힌 이야기를 안주 삼아 권커니 잣거니 했다.

김기설은 유서에 '향후 모든 것은 김선택 씨와 서준식 씨에게 일임한다'라는 말을 써놓았다. 그 바람에 전민련 간부 김선택 씨는 '죽음의 배후'로 몰려 2년 반 동안 수배되어 여관방을 전전해야만 했다. 그 술자리에 김선택 씨가 있었다.

"하, 나중에는 너무나 지쳐서 어서 날 잡아갔으면 싶더라니까요. 지금도 여관 냄새라면 아주 질색이어서 아무리 술을 마시고 늦더라도 꼭 택시를 타고 집으로 갑니다. 요즘은 사는 곳이 충청도여서, 엊그제는 택시비만 10만 원이 넘게 나옵디다."

나는 막걸릿잔을 들이키며 김선택 씨의 말을 들었다. 김선택 씨는 그때 얻은 병마 때문인지 몇 해 뒤 일찍이 작고하고 말았다.

그날 그렇게 술잔이 오가는데, 기어코 울음이 터지고야 말았다. 강기훈의 여동생이었다.

"오빠가 건강해지기만 한다면…… 내 가진 모든 걸 내놓겠어요."

모두가 숙연해졌다. 강기훈은 오랜 싸움 중에 병을 얻어 건강이 좋지 않았다.

옛날 취재기자 자격으로 막걸리 몇 잔을 받아 마시다 나는 급격하게 취기가 올라왔다. 주섬주섬 옷가지를 챙겨 먼저 자리를 빠져나오는데, 다리에 맥이 풀리면서 자꾸만 휘청거렸다. 속은 헛헛하고 욕지기마저 느껴졌다. 꼭 막걸리 탓만은 아니었을 것이다.

강기훈은 여전히 투쟁 중이다. 무죄는 선고받았지만, 억울하게 옥살이를 한 강기훈이 국가를 상대로 낸 손해 배상 청구 소송은 아직도 마무리를 보지 못했다. 30년이 훌쩍 넘었는데도 그렇다. 손해 배상 청구 소송보다도 강기훈의 응어리가 풀리지 않은 것은 당시 그를 강압적으로 수사하며 억울하게 누명을 뒤집어씌웠던 검사 중 아무도 사과한 사람이 없다는 점이다.

2014년 서울고등법원의 재심 재판장에서 본 강기훈의 모습이 떠오른다. 그는 병색이 완연한 모습으로 법정에 나와 최후 진술을 했다. 그 진술의 일부를 옮겨본다.

> 무엇을 어떻게 표현해야 할지, 누구에게 욕을 해야 할지, 그것도 잘 모르겠습니다. 검찰일까요, 법원일까요. 서울지검 소속이었던 강신욱, 신상규, 송명석, 안종택, 남기춘, 임철, 곽상도, 윤석만, 박경순 검사나 노원욱, 임대화, 부구욱, 박만호 판사와 같은 구체적 대상인지, 전재기 전 서울지검장인지 정구영 전 검찰총장인지, 아니면 김기춘 전 법무부 장관인지, 아니면 대한민국 혹은 인간 사회에 대해서?

여기서 언급된 검사들 가운데 곽상도는 아들이 대장동 개발 사업자 '화천대유'에서 퇴직금으로 50억 원을 받았다는 바로 그 곽상도 전 의원이다. 강압 수사와 고문 의혹이 제기되었으나 곽상도는 전면 부인했고, 밤샘 조사는 당시 허용되던 상황이라고 변명을 늘어놓았을 뿐이다.

강기훈 유서 대필 조작 사건을 만들어냈던 검찰은 반성이나 사과는커녕 승승장구했다. 과거에는 권력의 수족이었다면, 이제는 그들 자체가 권력의 중심부가 되었다. 그 결과로 이 나라는 지금 검찰 공화국이 되었다.

나는 국회의원으로서, 또 국회 법제사법위원회 위원으로서 소리 높여 검찰 개혁을 주장하고 있다. 그 일은 강기훈 때부터 시작된 오래된 과제다. 그 숙제를 반드시 마무리하고 싶다.

김대중의 완벽주의

1992년 겨울, 제14대 대통령 선거 때다. 당시 후보는 민주자유당 김영삼, 민주당 김대중, 통일국민당 정주영 후보였다. 저마다 명망과 스토리를 지닌 인물들의 3파전이 치열하게 전개되었다.

한겨레신문 기자로서 내가 맡은 일은 민주당 김대중 후보를 쫓아다니며 유세 현장을 취재하는 거였다. 새벽부터 밤늦게까지 전국 방방곡곡을 누볐다. 유세장에 도착하면 후보의 연설을 받아 적고 청중의 분위기를 스케치한 뒤, 다음 장소로 이동하는 버스 안에서 기사를 작성하여 회사로 보냈다.

요즘이야 노트북으로 기사를 쓰고 인터넷이든 모바일이든 즉시 발송하면 끝나지만, 그때만 해도 일일이 원고지에 글을 쓰고 팩스로 보내야 했다. 팩스는 또 어찌나 말썽을 피우던지. 게다가 버스 멀미가 심한 나로서는 여간 고단한 게 아니었다.

그나마 수도권이면 낫다. 거리도 가깝고 길도 좋은 데다 청중들도 많이 모이니 취재기자도 따라다니는 맛이 났다. 그런데 김대중 후보는 주로 머나먼 경상도 지역을 찾아다녔다. 도로 사정도 사나운 데다 청중들의 반응도 을씨년스럽기만 했다.

지금은 지명이 바뀐 경남 삼천포(현재 사천시)에 들렀을 때다. 김대중 후보가 예정 시간보다 많이 늦게 도착했다. 땅거미가 지고 칼바람이 외투를 파고들기 시작했다. 청중이 하나둘 떠나더니 고작 스무 명 남짓만 남았다.

그래도 김대중 후보는 자기 연설 차례를 기다리는 동안 안주머니에서 연설문을 꺼내 검은색 볼펜과 빨간색 볼펜을 번갈아 사용하면서 연설문을 고치고 또 고쳤다. 그러고 나서야 연단에 올라 잔뜩 쉰 목소리로 연설을 시작했다. 서두는 역시 그만의 특유한 어구였다.

"사랑하고, 존경하는, 삼천포 주민 여러분!"

찬바람을 맞아가며 자신을 냉대하는 사람들을 향해 호소하는 노정치인. 나는 그의 연설을 들을 때마다 이상하게 목이 메곤 했다. 취재기자로서 숱하게 그의 연설을 들었는데도 절로 나타나는 반응이었다.

사실 정치인 김대중을 가까이서 보기 전까지는, 내 감정의 좌표는 지지와 비판의 두 곡선이 교차하는 지점에 있었다. 망명, 납치, 투옥, 연금, 사형선고 등 끝없는 고난의 길을 걸어온 점에는 그에게 고개를 숙였다.

그러나 1987년 끝내 후보 단일화를 이루지 못하고 민주 진영이 분열된 상태에서 노태우 정권을 탄생시킨 잘못에 대해서는 내 마음에 앙금이 남아 있었다. 그러나 김대중을 날마다 따라다니며 가까운 거리에서 지켜보니 그를 이해하고 존경할 수밖에 없게 되었다. 그의 실제 모습은 언론이나 세평이 만들어낸 이미지와는 너무나 달랐다.

김대중의 정치 역정은 '고립으로부터의 탈출'이었다. 역대 권력과 기득권 세력은 그를 '호남의 김대중'으로 가둬두려고 했다. 예컨대 1990년 3당 합당은 김대중의 정치적 고립화를 위한 노골적인 야합이었다.

겹겹이 둘러싼 포위망을 뚫어보고자 김대중은 끊임없이 외부와 교신을 시도했다. 다른 지역 정치인을 더 우대했고, 민주화 세력을 정치권으로 계속하여 수혈했다. 영남 민주화 세력을 대표하는 노무현 대통령의 탄생도 사실 그의 덕을 빼고는 생각하기 어렵다.

나는 김대중만의 해학에 마음을 풀었다. 유세장에서 그는 사자후의 열변을 토하지만, 지지자들과 함께 밥을 먹거나 좌담을 할 때는 구수한 얘기를 풀어내고는 했다. 어릴 적 섬(전라남도 신안군 하의도)에서 자라며 갯벌에서 세발낙지를 산 채로 잡아먹고는 했다며, 그 장면을 재연해 보일 때는 청중이 모두 박장대소했다.

또한 나는 김대중의 완벽주의에 혀를 내둘렀다. 연설문을 고칠 때 삭제할 문구에는 그저 죽죽 줄을 그으면 되련만, 그는 꼭 볼펜을 자로 삼아서 반듯하게 두 줄을 그었다. 그것도 꼭 검은색 볼펜과 빨간색 볼펜을 구분하여 사용했다. 그런 완벽주의는 크든 사소하든 그가 하는 모든 일에서 작동했다.

투표일이 다가올수록 나도 긴장되고 초조해졌다. 객관적으로 확률이 높은 게임은 아니었지만, 막판 변수가 속출하면서 기대감이 높아졌다. 온갖 데이터와 예측이 있더라도 표심의 향방은 때로 모를 일이니까.

드디어 운명의 12월 18일, 투표는 끝났다. 우리 기자들은 밤새 마포의 민주당사에 남아서 결과를 초조하게 기다렸다. 새벽에 나온 선거 결과에 우리는 크게 낙담했다. 민주당사 주변의 포장마차로 삼삼오오 몰려가 쏜 소주로 속을 달래고 각자의 집을 향해 힘 빠진 발걸음을 옮겼다.

집에서 짧은 새우잠을 자고 아침에 다시 부리나케 민주당사로 달려갔다. 김대중이 곧 당사로 온다는 소식이 들렸다. 당시 후보 비서실장은 조승형 변호사였는데, 그는 내가 민정당 중앙정치연수원 점거 농성으로 구속되어 재판을 받을 때 나를 도와준 담당 변호사였다. 그를 붙잡고 전날 밤과 새벽의 상황을 물었다.

그 자리에서 들은 얘기를 나는 그날 신문에 실릴「김대중 씨의 정치 40년 발자취」기사를 쓰면서 도입부로 썼다.

19일 오전 당사에서 정계은퇴 기자회견을 마친 김대중 민주당 대표가 당원들과 인사를 나눈 뒤 승용차에 오르고 있다. 〈진천규 기자〉

'민주 꿈' 못다피운 비운의 정치인

김대중씨의 정치40년 발자취

망명·납치·투옥·연금·사형선고 끝없는 고난
다양한 분야 수많은 책 섭렵 이론·철학 탄탄

나는 개인적으로 1992년 대선 실패 때의
김대중 모습이 더 오래 기억에 남는다.
(한겨레신문 1992년 12월 20일 당시 필자가 쓴
기사, 사진의 맨 오른쪽이 필자)

동교동 자택에서 텔레비전을 통해 대통령 선거 개표 결과를 지켜보던 김대중 후보는 1위인 김영삼 후보와 자신의 벌어진 득표율 차가 좀처럼 좁혀지지 않고 있는 19일 0시 30분께 조승형 비서실장을 조용히 불렀다. 현관문을 열고 들어오는 조 비서실장을 붙잡고 김 후보는 어깨를 들썩이며 소리죽여 울었다. 김 후보는 "40여 년 동안 준비하고 꿈꿔왔던 것을 당당히 펼쳐보고 싶었는데……"라며 말끝을 맺지 못했다.

김대중은 민주당사에 도착하자 층마다 한 방 한 방 빠짐없이 둘러보며 오랜 동지들과 작별 인사를 했다. 나도 그의 뒤에 바짝 붙어서 한마디 한마디를 놓치지 않으려고 애썼다. 이기택 민주당 대표와 몇몇 사람이 그에게 말했다.

"가까운 곳에서 우리를 지도해주십시오."

"후보님께서 아직 할 일이 많습니다."

정계 은퇴를 만류하는 말이었다. 김대중 후보는 그런 말을 들을 때마다 고개를 저었다.

"물러날 때 정확히 물러나야 추하지 않습니다."

김대중의 결심은 확고해보였다. 그렇게 그가 당사를 돌아보는 도중에 한 당직자가 그에게 전화기를 건넸다. 김영삼 당선자의 전화였다. 전화기 너머 김영삼의 목소리는 옆에 있는 사람들에게도 다 들릴 정도로 컸다.

"아, 김대중 후보! 이번에는 결과가 좋지 않았지만, 다음에는 좋은 결과가 있을 겁니다. 하하하!"

이미 김대중의 정계 은퇴 뉴스가 나간 뒤라 그 소식을 알 텐데도, 낙선자에게 하는 위로치고는 무례했다. 아마도 김영삼은 평생의 라이벌을 꺾은 직후라 기쁨을 만끽하고 싶었는지도 모른다. 그러나 김대중은 공손하게 응대했다.

"축하드립니다. 앞으로 대한민국 발전을 위해 좋은 정치를 펼쳐주시리라 기대합니다."

나는 그 순간 북받쳐오는 설움에 눈물이 쏟아졌다. 하지만 기자가 취재원들 앞에서 울어서는 안 된다는 생각에 급히 화장실로 뛰어갔다. 그곳에서 숨죽이며 오래 울었다.

그 뒤 5년이 지나 김대중은 정치에 복귀하여 대통령이 되었다. 그는 IMF 구제 금융이라는 초유의 국난을 빠르게 극복하고, 경제와 복지의 토대를 굳건하게 했으며, 역사적 화해는 물론 남북 화합과 평화를 이끌어낸 업적을 남겼다. 누가 뭐래도 그는 성공한 대통령이다. 그때도 나는 여당 출입 기자로서 김대중 대통령의 자랑스러운 역사를 기록했다.

하지만 나는 개인적으로 1992년 대선 실패 때 보았던 김대중의 모습이 더 오래 기억에 남는다. 그를 가까이서 지켜봤기 때문만은 아니다. 그가 권력의 탄압을 받고 온갖 고통을 겪으면서도 어떤 자세로 이

2023년 9월 단식 때의 이재명 대표와 함께.
나는 그가 지금의 고난을 넘어 앞으로 더 큰 정치인으로 성장할 것을 믿는다.

겨내고 어떤 태도로 국민에게 다가가 일체감을 이루어내는지를 보고 느꼈기 때문이다. 그는 무도한 힘으로는 굴복시킬 수 없는 확고한 철학과 의지와 비전을 지닌 사람이었다.

지금 우리 당의 이재명 대표는 검찰 권력에 의해 거듭 고초를 겪고 있다. 나는 그에게서도 무도한 권력이 굴복시킬 수 없는 그만의 남다른 철학과 의지와 비전이 있음을 본다. 그러기에 나는 그가 지금의 고난을 넘어 앞으로 더 큰 정치인으로 성장할 것을 믿는다.

노무현만의 향기

2002년 3월 16일, 당시 새천년민주당의 대통령 후보 경선이 최대 고비를 맞은 광주 염주체육관.

한겨레신문 소속이던 나는 취재기자단의 CBS 소속 선배 기자 김진오를 따라 후보 대기실의 문을 조용히 열고 들어갔다. 후보 연설을 끝낸 경선 주자들이 모여 앉아 초조하게 개표 결과를 기다리고 있었다.

후보들은 어디 갈 데가 마땅치 않으니 어쩔 수 없이 한 테이블에 둘러앉아 있기는 했지만, 서로 얼굴을 맞대기는 민망한지 저마다 딴전을 부리고 있었다. 이인제 후보는 참모와 뭔가 귀엣말을 나누었고, 한화갑 후보는 돋보기를 쓰고 신문을 읽었으며, 노무현 후보는 천정만 골똘히 바라보고 있었던 게 기억난다.

당시 이인제는 후보들 가운데 부동의 지지율 1위였고, 한화갑은 첫 대결이던 제주 경선에서 1위를 하며 광주에서도 선전이 예상되었다. 노무현은 애초 한 자릿수 지지율로 출발했으나 경선이 시작되며 지지율이 무섭게 치고 올라오는 중이었다. 광주는 김대중 대통령과 새천년민주당의 정치적 근거지인 만큼 그곳 경선의 승리가 무척 중요했다. 그만큼 긴장감이 높을 수밖에 없는 자리였다.

고향이 광주인 김진오 기자가 침묵을 깨뜨렸다.

"제가 일주일 전쯤 미리 여기 광주에 내려와 취재를 해보았는데요, 노무현 후보의 인기가 수직 상승이더라고요. 그렇지만 발동이 너무 늦게 걸렸어요. 광주 경선이 한 열흘만 늦게 치러졌다면, 아마 노무현 후보가 1등을 할 수도 있을 텐데요."

김진오 기자의 말은 한 시간 뒤 결국 '오보'로 밝혀지지만, 이 말은 그렇지 않아도 썰렁한 분위기에 찬물을 끼얹은 것 같았다. 김 기자의 말이 오보가 되었다는 건 광주 경선의 개표 결과 놀랍게도 노무현 후보가 1위였기 때문이다. 노 후보가 '홈그라운드'의 한화갑과 '대세론'의 이인제를 누른 것이다.

아무튼 김진오 기자의 말은 듣는 사람에 따라 제각기 다른 생각을 하게 만드는 것이었다. 어떤 후보는 외면하듯 헛기침을 했고, 다른 후보는 낯빛에 불편한 심기가 드러났다. 그 순간 노무현 후보가 태연한 표정으로 대꾸했다.

"내가 항상 그 모양이에요. 사법고시를 볼 때가 다가오면 꼭 열흘

정도 시간이 모자라더라고요. 시험에 떨어질 때마다 '시간만 좀 더 있었으면' 하고 땅을 쳤어요. 하지만 어쩌겠어요. 그게 다 공부 못하는 사람이 하는 변명인데……."

순간 경쟁 후보들은 머리가 젖혀지도록 웃음을 터뜨렸고, 어색한 방 안의 분위기가 풀어졌다. 노 후보가 스스로 '공부 못하는 사람'으로 몸을 낮춘 결과였다.

노무현은 다른 후보들의 불편한 마음을 좀 달래보려고 그런 것일까. 아니면 김진오 기자가 민망할까봐 배려한 것일까. 아마 둘 다일 것이다. 살벌하고 냉혹한 정치판에서 좀처럼 구경하기 힘든 태도였다.

노무현의 그런 푸근함과 여유는 그전에도 본 적이 있다.

2001년 5월, 노무현은 새천년민주당 상임고문 자격으로 대우자동차 부평공장을 방문하여 '삼성자동차 문제해결 사례'를 주제로 강연을 했다. 당시 대우차는 구조조정 문제를 놓고 경영진과 노조가 격렬하게 대치하는 상황이었다.

그렇게 다들 날이 서 있는 상황이었는데도 노무현은 강연에서 단호하게 말했다.

"결론적으로 말씀드리면, 구조조정의 불가피성을 인정할 수밖에 없다고 봅니다."

강연을 지켜보는 나조차도 아슬아슬한 말에 가슴을 졸였다.

강연을 마친 뒤, 노무현은 노조 사무실을 찾아갔다. 나도 바싹 따라붙었다. 노도 지도부와 대화를 나누던 도중 밖에서 웅성거리는 소리가 들렸다.

그 순간 우리 쪽을 향해 허공을 가르며 날아오는 달걀이 보였다. 그걸 나도 보고 노무현도 봤다. 나는 잽싸게 피했는데, 노무현은 그냥 그대로 달걀을 맞았다. 아니 맞아주었다고 표현하는 게 정확한 표현일 것이다.

사람들의 눈길이 노무현에게 쏠렸다. 그는 옷에 묻은 달걀의 잔해를 휴지로 닦아내며 대수롭지 않은 듯 말했다.

"흔히 있을 수 있는 일이지요. 뭐, 노동자들이야 서운한 말을 들었으니 감정이 그렇게 격해질 수도 있는 거 아니겠습니까?"

나는 기자실로 돌아가서 이 상황을 담은 기사를 썼다. 그리고 다음 날 노무현으로부터 전화가 걸려 왔다.

"기사 고맙습니다. 애정이 듬뿍 담겨 있더군요. 언제 시간 나면 제 사무실로 차 한 잔 마시러 들러주세요."

그러나 나는 어쩌다 보니 그를 찾지 못했다.

그게 두고두고 후회되었다. 그때 만나서 대화를 나누었다면 인간 노무현의 향기를 듬뿍 느꼈을 터였다. 그게 더없이 귀한 기회인 줄 몰랐다. 나중에 노무현 후보가 대통령이 되고, 나는 청와대 출입 기자가 되어 한 공간에서 만났다. 하지만 그때는 대통령이 한가하게 기자와 일대일로 차를 마실 수 있는 상황이 아니었다.

인간 노무현에 취할 기회가 여러 번 있었는데
그냥 흘려보낸 것이 두고두고 후회가 된다.

노무현 정부가 들어서고 회사에서는 대통령의 논란에 대해 좀 더 강하게 비판하라는 주문이 있었다. 그래서 노무현 대통령 관련 기사를 쓰면서 과거와 같은 애정을 담아내지 못했다. 그래도 항상 대통령에 대한 안쓰러움과 미안함이 가슴 한편에 있었다.

그 마음을 어느 날 불쑥 기사로 담아봤다. 그 기사로 신문사 선배한테 핀잔과 조롱만 들었다.

"뭐야? 김의겸, '친노'였던 거야?"

그때 쓴 기사의 서두를 가져와본다.

청와대를 출입하다 보면 가장 많이 받는 오해가 "대통령을 늘 가까이서 지켜볼 것"이라는 추정이다. 그러나 진실은 텔레비전 9시 뉴스를 열심히 보는 사람보다도 대통령 얼굴 볼 기회가 적다는 것이다. 청와대를 고정적으로 출입하는 각 언론사의 기자 50여 명이 2~3명씩 돌아가면서 대통령 행사를 대표로 취재하다 보니, '알현'할 수 있는 기회란 기껏해야 한 달에 2~3번꼴이다.

지난 8일부터 시작된 노무현 대통령의 해외순방도 예외는 아니다. 13일 현재까지 기자가 대통령을 직접 보며 취재한 것은 출국하던 날 비행기 안에서 한 번, 멕시코 대통령과의 정상회담 때 한 번, 그렇게 딱 두 번이었다. 그 두 번에서 서로 다른 얼굴을 가진 두 명의 대통령을 만나게 된다.

첫 번째는 '손가락 빠는 대통령'이다.

노 대통령은 8일 특별기 안에서 59번째 생일을 맞아, 기자들이 준비한 케이크를 받았다. 노 대통령은 촛불을 훅 불어 끄더니, 손가락으로 케이크를 찍어 입으로 가져간 뒤 '쪽' 소리가 나도록 빨아먹으며, 익살맞은 표정을 지었다. 노 대통령은 이어 "대한민국은 큰 걱정거리가 2개 있다. 하나는 태풍이고 하나는 대통령"이라며 "'대통령이 비행기 타고 나가니 열흘은 나라가 조용할 것이다. 태풍만 막으라'고 했더니 청와대 참모들이 '그말 맞다'고 공감을 표시하며 좋아하더라"라고 말했다. 기자들이 뒤집어진 것은 물론이다.

아무튼 내가 쓴 해외순방의 일화와 관련하여, 뒤늦게 멕시코로 배달된 다른 신문들의 기사 분위기는 내 관점과 완전히 달랐다. 거기서 대통령의 행동과 말은 조롱거리로 표현되었다. 말 많고 가벼운 대통령이라는 인상을 확증해주는 소재로 활용된 것이다.

사실 노무현 대통령은 스스로 자신을 '희화화'하는 경우가 적지 않았다. 노 대통령이 의원 시절 술자리에서 곧잘 추곤 했다는 곱사춤도 자신을 '웃음거리'로 기꺼이 내던진다는 점에서 그러했다.

노 대통령의 이런 모습은 늘 근엄한 얼굴로 국가의 중대사를 논하던 역대 대통령의 모습과는 거리가 멀어도 한참 멀다. 세련된 몸짓으로 격조 높은 유머를 구사했다는 레이건 같은 외국 대통령들과도 딴

판이다. 이 때문에 탈권위적인 건 좋은데 그래도 대통령이 권위는 지켜야 한다는 핀잔을 듣게 된 건지도 모른다.

그때 내 기사의 다음 부분은 이렇다.

두 번째는 '늘 기록하는 대통령'이다.

지난 10일 노 대통령이 멕시코에서 비센테 폭스 멕시코 대통령과 정상회담을 하고 난 뒤 기자회견을 할 때였다. 두 나라 장관들이 형사사법 공조 조약 등 두 나라 사이의 협정에 서명하는 '의식'을 치르는 동안, 폭스 대통령은 무표정한 얼굴로 카메라를 응시한 반면, 노 대통령은 종이 한 장을 집어들더니, 고개를 숙이고 뭔가를 적기 시작했다. 때로는 뭔가 생각을 해내려는 듯 고개를 들고 눈을 깜박이기도 했다.

그 메모의 정체는 노 대통령이 마이크를 잡았을 때 드러났다. 노 대통령은 "한국과 멕시코가 훌륭한 파트너로 성장할 수 있다"며 "양국의 경제 규모가 비슷하고, 경제가 발전해온 경험도 유사하다. 최첨단 선진국가와 후발 국가 사이에, 중간에 끼여서 양쪽으로부터 공략을 받고 있다는 점도 흡사하다"고 이유를 설명해나갔다. 별명이 '인간 기중기'로, 자신의 주장을 관철시키는 능력이 탁월하다는 폭스 대통령이 무뚝뚝한 표정을 풀고, 고개를 끄덕이며 공감을 표시한 게 서너 차례였다. 폭스 대통령이 미리 준비된 원고를 무미건조하게 읽어내려간 것에 비하면, 노 대통령의 말은 현장과 호흡을 함께하는 살아 있는 연설이었다.

실제로 노무현 대통령은 연설문 작성팀이 미리 준비한 원고를 제치고 현장의 분위기를 반영한 입말체로 연설하는 경우가 적지 않았다. 특히 청중에게 이해를 구하거나 애정을 표현해야 한다고 생각할 때 그랬다. 이 때문에 연설문 작성팀에서는 힘이 빠질 때가 많았다고 한다. 노 대통령의 이런 현장성은 청중의 마음에 다가서려는 자세, 그리고 늘 현안을 기록하며 꿰뚫고 있는 자신감에서 나온 것으로 보인다.

언젠가 노 대통령이 불쑥 기자실을 찾아와 '연정론'을 펼 때였다. 노 대통령은 기자회견이 시작되자마자 펜과 메모지를 찾았다. 미리 준비하지 못해 당황한 김만수 대변인은 허겁지겁 자신이 쓰던 수첩을 윗주머니에서 꺼내 탁자 위에 펴주었다.

회견이 끝난 뒤 대변인에게 되돌아온 수첩을 보니, 기자들의 질문 내용을 꼼꼼하게 적어 내려간 정갈한 글씨를 볼 수 있었다. 김 대변인은 여유 있게 쓰라고 수첩의 중간쯤을 펴서 건넸는데, 노 대통령은 김 대변인이 쓰던 부분에서부터 이어 내려가며 글을 쓴 섬세함도 보였다.

하지만 노무현 대통령의 이런 모습은 제대로 알려지지 않았다. 정치적으로 반대편에 있는 일부 언론은 대통령의 경솔함과 경박함을 부각하기에 바빴고, 그러지 않은 언론이라도 대통령의 장점은 낯이 간지러워서라도 쓸 수가 없었다. 아니, 아예 기사 자체가 안 되는 것이었다. 노 대통령의 불행이 시작된 대목이기도 하다.

그렇다면 노무현 대통령의 선택은 무엇이어야 했을까. 정답은 노 대통령 스스로 튀는 모습을 최대한 자제하고, 자신의 또 다른 모습을 보여주는 데 주력하는 것이었다고 본다. 참모들도 그런 방향으로 숱하게 건의했던 모양이다. 그러나 타고난 천성이어서인지 잘 고쳐지지 않았다.

어쩌면 노무현 대통령은 의도적으로 자신만의 소통 방법을 구사했는지도 모른다. 스스로 숨 막히는 엄숙주의로 무장한 권력의 성채에서 내려와 저잣거리의 장삼이사張三李四와 어울리며 가슴과 가슴으로 만나고 싶었던 것일 수 있다.

우리가 그런 대통령 한 사람쯤은 가져도 괜찮았던 것 아닐까. 지금 와서 생각하니 우리가 그런 대통령을 한 분 가졌다는 것이 얼마나 행운이었나 싶다. 지금도 많은 이가 노무현을 그리워하는 까닭이리라.

신동엽의 시 「산문시 1」은 이렇게 시작한다.

> 스칸디나비아라든가 뭐라구 하는 고장에서는 아름다운 석양 대통령이라고 하는 직업을 가진 아저씨가 꽃 리본 단 딸아이의 손 이끌고 백화점 거리 칫솔 사러 나오신단다.

그리고 마지막 구절은 이렇다.

하늘로 가는 길가엔 황톳빛 노을 물든 석양 대통령이라고 하는 직함을 가진 신사가 자전거 꽁무니에 막걸릿병을 싣고 삼십 리 시골길 시인의 집을 놀러 가더란다.

대통령이 자전거 꽁무니에 싣고 온 막걸릿병을 시민들이 함께 기울일 수 있었던 모습을 우리는 노무현 대통령의 퇴임 후 짧은 시간이나마 볼 수 있었다. 그래서 노 대통령을 생각하면 개인적으로 아쉽기만 하다. 막걸리에 취하고 인간 노무현에 취할 기회가 여러 번 있었는데도 그 소중한 기회를 그냥 흘려보낸 것이…….

5장

대통령을 끌어내린 남자

하나의 질문

기자 나이가 들어가며 나도 어느 순간 후배들 앞에서 꼰대 같은 소리를 늘어놓곤 했다.

"우리 직업의 이름을 바꿔야 해. '기록할 기', '놈 자'의 기자^{記者}가 아니라 '물을 문', '놈 자'의 문자^{問者}로 말이야. 남들이 하는 말을 잘 받아적는 걸로는 안 돼. 제대로 된 질문을 할 줄 알아야 진짜배기라고. 그러려면 궁금증과 호기심으로 두 눈이 항상 반짝여야 해. 그게 우리 같은 놈들의 생명이자 무기야."

그렇게 기자로서의 개똥철학을 늘어놓기도 했지만, 솔직히 쉰 살이 넘어가면서는 나부터 심드렁해지기 시작했다. 만사가 귀찮아져만 갔다.

그렇게 선임기자로 그럭저럭 지내던 어느 날, 다른 언론사 기사를 살펴보던 중에 눈길을 사로잡는 게 있었다.

'이게 뭐지?'

뭐랄까, 꺾여가던 기자의 촉이 곤추세워지는 느낌이었다. 청와대 민정수석비서관이던 우병우의 비리 의혹을 둘러싸고 박근혜 대통령과 조선일보가 정면으로 맞붙어 대혈전을 펼치는 것이었다. 2016년 8월이었다.

이 싸움엔 뭔가 있다는 강렬한 느낌이 왔다. 나는 청와대 속사정을 알 만한 사람들에게 전화를 돌리기 시작했다.

"대통령과 조선일보는 같은 편 아니었습니까? 도대체 왜 싸우는 겁니까? 그것도 죽자 사자 하면서 말이죠."

나는 사람을 바꿔가며 같은 질문을 계속 퍼부어댔다. 내 질문을 한마디로 하면 '지금 청와대와 조선일보는 왜 싸우는가?'였다.

그러나 돌아오는 답은 다들 신통치 않았다.

전화를 붙들고 여기저기 하도 떠들어대다 보니 목소리가 잠길 지경이었다. 그만 포기하려고 하다, 딱 한 사람만 더 통화해보자고 한 게 어느 현직 검사였다. 검찰 내에서 '정보통'으로 알려진 인물이었다.

그 검사에게 전화가 연결되자 나는 역시 똑같은 질문을 던졌다. 그런데 돌아오는 답이 좀 엉뚱했다.

"김 기자, 괜히 헛다리 긁지 말아요. 우병우 정도가 뭐 별거라고 양쪽이 저러겠어요. 지금 우병우가 문제가 아닙니다. 이 모든 게 미르재단 때문에 생긴 사단입니다."

"미르재단? 그게 뭐죠?"

"허허, 기자 맞아요?"

그는 더 이상의 정보를 주지는 않았지만, '미르재단'이라는 키워드만으로도 감지덕지였다. 그는 미르재단(정확한 명칭은 '재단법인 미르')과 그 뒤에 뭔가가 있음을 내게 넌지시 암시해준 셈이었다.

즉각 인터넷을 뒤져보니, TV조선의 이진동 기자가 벌써 미르재단에 대해 꽤 보도를 해놓은 상태였다. TV조선에서는 7월 말부터 미르재단의 의심스러운 정체와 여러 기업이 그곳에 출연한 의혹을 제기했다. 미르재단과 연계된 K스포츠재단의 이름도 나왔다. 그리고 그 일에 청와대 정책조정수석비서관 안종범의 개입까지 거론되고 있었다.

내가 알지 못하고 있을 뿐 청와대와 그 주위를 가리고 있는 거대한 흑막이 있는 듯했다. 그리고 TV조선에서는 벌써 4월부터 취재에 들어갔다는 걸 알게 되었다. 나는 자괴감이 들었다.

'여당 성향의 TV조선도 이토록 치열하게 파고들었는데, 그동안 왜 아무것도 몰랐지?'

그래도 아직 아무도 미르재단의 실질적인 주도자 이름은 꺼내지 못한 상태였다. 나는 TV조선이 청와대로부터 압력을 받고 중간에 멈춘 것으로 판단했다.

'흠, 그렇다면 내가 뒤를 이어 미르재단의 몸통을 밝혀내면 될 것 아닌가.'

강렬한 승부 욕구가 아랫배로부터 부글거리기 시작했다. 오랜만에 느껴보는 감각이었다.

나는 본격적으로 취재에 나섰다. 취재원 가운데 박근혜 청와대에서 일했던 더불어민주당의 조응천 의원도 있었다. 조 의원은 결정적인 말을 내게 해줬다.

"미르재단과 K스포츠재단의 실질적인 주인은 미세스 최인 게 확실해 보입니다."

미세스 최? 그는 최순실을 그렇게 불렀다. 한때 부부였던 최순실과 정윤회, 그리고 그들과 박근혜의 관계를 누구보다도 잘 아는 사람의 입에서 나온 말이다. 믿지 않을 수가 없었다.

나는 그 밖에도 몇 사람 더 취재한 뒤 내용을 정리하여 회사에 정보 보고를 올렸다. 제목은 '박근혜의 역린'이었다.

내가 이날 작성한 정보 보고에는 약간의 상상력이 끼어들어 있기는 했지만 앞으로 전개될 '최순실 게이트'의 기본적인 골격이 이미 다 들어 있었다. 이 정보 보고를 들고 편집국장을 찾아갔다.

"국장님, 혹시 제가 올려놓은 정보 보고 보셨어요? 이거 아주 큰 사건이 될 것 같습니다. 팀을 꾸려서 본격적으로 취재에 들어가야 합니다."

국장은 내 말을 듣더니 대뜸 대꾸했다.

"그럼 김의겸 선임기자가 직접 맡아서 취재를 해보는 게 어때요?"

한겨레신문사 4층 편집국TF '최찾사' 팀

이런 상황은 내가 편집국장실 문을 두드릴 때부터 각오했던 일이었다.

"그럼, 후배 몇 명 좀 붙여주세요."

"그러세요. 직접 모아보세요."

그렇게 특별취재팀이 꾸려졌다.

류이근, 하어영, 방준호 기자 셋이 영문도 모른 채 팀에 끌려왔다. 나는 후배 기자들에게 우리 팀의 이름은 '최찾사'라고 말했다. '최순실을 찾는 사람들'의 약칭이다.

나는 먼저 우리 팀의 목표를 분명히 했다.

"우리는 꽁꽁 숨어 있는 최순실을 찾아내는 일을 한다. 이미 머리

카락은 보여."

최찾사는 사무실도 마련했다. 한겨레신문사 4층에 누군가 쓰다 떠나버리고 비어 있는 공간이 있었다. 출입문에는 문패도 붙어 있었다.

편집국 TF
(9/5 ~ 10/9)

활동 기간이 9월 5일부터 10월 9일까지로 적혀 있었다. 누가 붙인 것인지, 왜 그 기한인지는 아무도 몰랐다.
그걸 보고 막내 방준호 기자가 질겁했다.
"우리 10월 9일까지나 이 일을 해야 하는 겁니까?"
나 역시 그랬다. 그렇게까지 길어질까.
하지만 그 사무실은 10월을 훌쩍 넘겨 2017년 1월 초까지 쓰이게 된다. 그토록 오랫동안 사무실이 쓰일지는 아무도 알지 못했다. 그리고 그 짧은 기간에 역사가 새로 쓰일 줄은 더더욱 몰랐다.

꼬리를 밟다

"자, 이게 내가 생각하는 인적 관계도야."

나는 후배들을 모아놓고 그림을 그려가며 사건의 개요를 설명했다. 박근혜 대통령이 정점에 있고, 그 밑에 최순실이 있으며, 둘 사이에는 '연락책'으로 안종범 수석비서관을 그려 넣었다. 다시 최순실 이름 옆으로 줄을 그어 미르재단과 K스포츠재단의 이름을 나란히 썼다. 두 조직을 직접 관장하는 주체가 바로 최순실이었으니까.

"미르재단은 이미 TV조선이 많이 보도했어. 우리가 뒤늦게 그리로 뛰어들어가 봤자 건질 게 별로 없을 거야. 우리는 대신 K스포츠재단을 집중적으로 파보자고."

설명을 마치고 나는 첫 번째 취재 지시를 내렸다. 집중 취재 대상으로는 K스포츠재단의 정동춘 이사장을 지목했다.

"정동춘이 CRC운동기능회복센터라는 곳의 대표를 하다 K스포츠

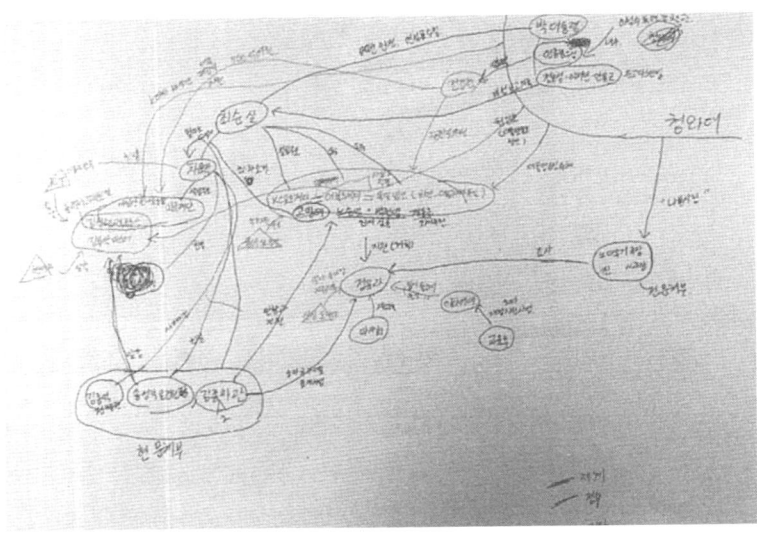

취재 당시에 그린 최순실 의혹 관계도.
우리 취재팀은 이미 취재와 보도가 많이 이루어진 미르재단 대신
K스포츠재단을 집중적으로 파보기로 했다.

재단 이사장으로 옮겨갔어. CRC운동기능회복센터는 주로 스포츠 마사지를 하는 곳이지. 정동춘은 분명 최순실과 잘 아는 사이일 거야."

나는 그 취재를 방준호 기자에게 맡겼다.

"우선 현장부터 가 봐."

그러나 헛걸음이었다.

정동춘은 K스포츠재단으로 자리를 옮기면서 CRC운동기능회복센터의 문을 닫아버린 상태였다. 우리는 크게 실망했다. 최순실의 실체를 밝히기 위한 입구가 정동춘일 거라고 믿었는데, 그 문이 이미 닫혀

버린 느낌이었다. 우리는 다른 문을 찾지 못하고 이곳저곳을 찔러보느라 시간만 흘려보냈다.

그런 어느 날, 방준호 기자가 인터넷에서 단서 하나를 건져 올렸다. CRC운동기능회복센터의 직원으로 보이는 이 아무개 씨의 전화번호를 하나 찾아냈다. 그러나 앞자리 번호가 011로 시작했다. 옛날 연락처였다.

거기서 포기할 뻔했다. 하지만 순간 어쩌면 당연한 생각이 떠올랐다.

'옛날 011 전화번호를 가지고 010으로 바뀐 전화번호를 찾아주는 서비스가 있지 않을까?'

이리저리 검색을 하니 과연 그런 서비스를 하는 업체의 누리집 하나가 떴다. 메인 화면에 아주 감성적인 문구가 펼쳐져 있었다.

옛 애인은 어떻게 지내고 있을까요?
혹시 아직 나를 그리워하고 있지는 않은지?
01× 번호에서 010 번호로 바뀐 휴대전화 번호를 바로 알려드립니다.

문구 아래 검색 막대가 있었다. 이 아무개 씨의 옛 전화번호를 검색 막대의 칸 안에 넣어봤다. 010으로 시작하는 새 번호가 나왔다. '축하합니다!'라는 메시지와 함께. 굳게 닫혀 있던 문이 '삐걱' 하고 열리는 기분이었다.

방준호 기자는 그렇게 얻은 번호로 전화를 걸어봤다.

"CRC운동기능회복센터에서 일하셨던 이○○ 선생님이시죠?"

"네, 그런데요, 무슨 일이시죠?"

상대방의 이 대답에 방 기자는 놀라서 목소리가 떨리고 말이 엉켰다. 그래도 이 기회를 놓칠 수는 없었다.

"혹시 승마선수 정유라가 센터를 다녔나요? 최순실 선생님이랑 함께요."

핵심을 찌른 이 물음에 곧장 답이 돌아왔다.

"네, 최순실 선생님 댁이 바로 근처였으니까요."

드디어 최순실의 이름이 세상에 나왔다.

이 아무개 씨는 단순한 직원이 아니었다. 정동춘과 함께 센터를 차린 동업자였다. 그리고 그는 최순실이 고객이었다는 사실 자체가 가지는 폭발력을 전혀 모르고 있었다. 그는 이런저런 질문에 한참을 답하다가 되물었다.

"그런데 그게 무슨 문제가 되나요? 최순실 선생님이 나이가 들면서 몸 기능이 예전 같지 않으니 센터에 오셔서 상담한 건데요."

"아, 별거 아니고요. 뭘 정리하는데 확인차 연락드린 겁니다."

뭐 아주 거짓말은 아니었다. 방준호 기자는 20여 분 정도 통화를 마치고 나에게 말했다.

"우리가 꼭지를…… 딴 것 같아요."

우리는 통화 내용을 꼼꼼하게 재확인하며, 그것을 바탕으로 몇 군데 더 보완하는 취재를 했다. 정동춘 이사장에게도 직접 연락하여 최순실과의 관계를 물었다. 그는 최순실이 고객이었다는 사실은 부정하지 못했다. 그건 이미 확인된 사실이었기에.

드디어 9월 20일, 한겨레신문 1면에는 우리 팀의 성과로 기사가 실렸다.

「대기업 돈 288억 걷은 K스포츠재단 이사장은 최순실 단골 마사지 센터장」

최순실이라는 이름이 대한민국 신문 1면에 처음으로 등장한 순간이었다.

이날 한겨레 보도에 대해 정연국 청와대 대변인은 일거에 일축했다.

"일방적인 추측성 기사이며, 언급할 가치가 없습니다."

다른 언론들도 모두 한겨레 기사를 외면했다. 그러나 나는 자신이 있었다. 후배들을 격려했다.

"이제 시작이야. 조금만 있으면 모든 언론이 우리를 따라올 거야.

최순실의 이름이 처음으로 신문 1면에 등장한 한겨레신문 보도 기사.
이 기사를 두고 청와대 대변인은 일방적인 추측성 기사로서 언급할 가치가 없다고 일축했다.
(2016년 9월 20일)

걱정하지 마."

그로부터 3개월 뒤, 국회 국정조사특별위원회 청문회에 나온 정동춘 이사장은 2010년경부터 최순실을 고객으로 알아왔다고 말했다. 그러나 그때는 이미 최순실이 K스포츠재단을 사실상 운영한 사람이라는 게 온 세상에 알려진 뒤였다. 때늦은 고백이었다.

또 정동춘 이사장은 나중에 본인을 '마사지센터장'으로 표현하여 명예를 훼손했다며 나를 포함해 한겨레신문 기자들을 상대로 2억4천만 원짜리 거액의 손해배상 청구 소송을 제기했다. 그러나 그는 완벽하게 졌고, 한겨레신문사는 완벽하게 승소했다.

내부고발자가 열어준 진실의 문

최순실을 추적하면서 만난 취재원은 족히 100명이 넘을 것이다. 그 가운데 가장 중요한 취재원을 꼽으라면 단연 정현식 전 K스포츠재단 사무총장이다. 그를 통해 K스포츠재단을 이용한 최순실의 국정 농단이 전모를 드러냈다.

K스포츠재단이 재벌로부터 돈을 뜯어내는 과정에 '최순실→박근혜→안종범'으로 이어지는 연결고리가 있다는 사실이 밝혀졌다. 또, 박근혜가 안종범을 시켜서 모은 K스포츠재단의 돈이 최순실의 개인 회사 더블루케이로 흘러간다는 사실도 드러났다.

정현식 씨의 말은 빈틈이 없었으며, 진실을 밝히겠다는 태도는 당당했다. 하지만 애초부터 그랬던 건 아니다. 류이근 기자가 처음 집으로 찾아갔을 때만 해도 그는 취재를 피했다.

정현식 씨는 나중에 이렇게 고백했다.

"관심을 받는 게 부담스럽다고 말했지만, 속으론 무섭고 두려웠어요. 한 미약한 개인이 살아 있는 권부에 맞설 결심이 서기까지는 시간이 필요했습니다."

정현식 씨의 이러한 결심에는 그의 부인과 아들의 설득도 주효했다.

나와 류이근 기자는 2016년 10월 23일 비 내리는 일요일 밤에 빗길을 뚫고 정현식 씨를 만나러 갔다. 나는 그와의 인터뷰에 앞서 한겨레신문 20년의 역사를 담은 책 『희망으로 가는 길』을 건넸다. 그러면서 이렇게 말했다.

"한겨레는 가난하고 작은 신문사입니다. 정치적 견해는 선생님과 다를 수도 있습니다. 그렇지만 불의를 보고서는 절대 타협하지 않는 신문입니다. 그리고 정직합니다. 저희의 입맛에 맞게 사실을 왜곡하지 않습니다. 저희를 믿고 선생님께서 보고 들으신 걸 말씀해주십시오."

우리의 말이 마음의 빗장을 여는 데 영향을 미쳤을까. 정현식 씨는 나중에 언론 인터뷰에서 그 대목에 대해 다음과 같이 언급했다.

"이 일이 있기 전까지 저는 한겨레신문에 대해 큰 관심을 두지 않고 있었습니다. 태생이 경상도에 정치적 성향도 그때까진 보수에 가까운 편이었거든요. 영어 속담에 'To see is to believe'라는 말이 있죠. 두 분을 직접 뵙고 그런 말을 들으니 마음이 움직였습니다. 터놓고 얘기해도 되겠다 싶더군요. 두 분의 진솔한 말과 눈빛에서 강직함과 진실을 추구하는 의지를 읽을 수 있었습니다. 시간이 지나면서 제 판단이 틀리지 않았다는 생각을 하게 됐습니다."

실제로 그랬다. 정현식 씨는 우리의 말을 듣고 고개를 끄덕였다. 그러고는 마침내 말문을 열었다.

"기왕 이렇게 됐으니 알고 있는 건 다 얘기하지요."

인터뷰는 저녁 7시 무렵부터 시작하여 세 시간이 넘도록 진행되었다.

그날 정현식 씨가 털어놓은 이야기는 최순실 게이트의 새 국면을 열었다. 그의 입에서 1면 톱을 장식할 기사가 줄줄이 쏟아져 나왔다. 그에게서 나온 기사 몇 가지만 보자.

「최순실 지시로 SK 찾아가 80억 원 요구」

「최순실 비밀 아지트 확인… 차은택 김종 봤다」

「최순실 안종범, 수사 앞둔 롯데에 70억 원 더 걸었다」

「최순실 귀국 전후 조직적 증거인멸·짜맞추기 흔적」

이 외에도 셀 수 없이 많은 기사가 정현식의 진술에 근거하여 작성되었다. 박근혜·최순실 게이트 같은 취재는 아무리 유능한 기자라도 그 실체적 진실에 접근하기가 무척 어렵다. 내밀한 사정을 잘 아는 내부고발자의 조력이 있어야 은폐된 진실의 문 앞에 설 수 있다.

국회 국정조사에 출석한 정현식 사무총장.
그를 통해 K스포츠재단을 이용한 최순실의 국정 농단이
전모를 드러냈다.

정현식 씨는 '최순실의 지시로 SK·롯데·부영 등의 기업을 찾아가 돈을 요구했고, 그때마다 안종범 수석비서관이 어떻게 되었냐고 확인 전화를 걸어왔다'고 진술하며 구체적인 증거까지 제시했다. 청와대와 재벌 간 뇌물의 연결고리를 확인해준 것이다.

정현식 씨의 부인은 진실을 말하는 것이 최선이라며 남편을 설득했고, 아들은 기자 뺨치는 취재력과 정보력으로 언론 보도 몇 개월 전부터 최순실을 추적해놓은 자료를 우리에게 건네줬다.

정현식 씨의 인터뷰는 최순실에게 치명적인 타격이었다. 그해 12월 15일에 열린 국정조사특별위원회 청문회에서 더불어민주당의 박영선 의원은 최순실의 녹음 파일을 들려주었다. 그 녹음에서 최순실은 당황하는 기색을 역력하게 드러냈다.

"왜 사무총장의 폭로를 못 막았지?"

"정현식 사무총장이 뭐라고 얘기했다는 거야, 그럼? 내가 SK를 들어가라고 했다고?"

최순실은 이런 말들을 두서없이 쏟아냈다.

정현식 씨는 우리와의 인터뷰 뒤에 검찰, 국회, 헌법재판소, 법정 등으로 수없이 불려 다녔다. 그로 인해 정신적으로나 육체적으로 스트레스가 말할 수 없었지만, 그는 그 일을 기피한 적은 한 번도 없었다. 외려 그는 평범했던 일상에 거대한 태풍이 들이닥치니 일종의 결기 같은 것이 생기기도 했다고까지 말했다.

정현식 씨에게 몰아친 폭풍은 해가 넘어서야 지나갔다. 2017년 1월 어느 날, 나와 류이근 기자는 남양주시 마석에 있는 그의 집을 다시 찾아갔다. 이번엔 취재 목적이 아니었다. 그의 가족이 그동안 취재에 도움을 주고 용기를 내서 진실을 밝혀준 데 대한 고마움을 표하고 싶어서였다.

아파트 입구에 들어서자 정현식 사무총장 부부가 아들과 함께 기다리고 있었다. 우리가 다가가자 그는 와락 나를 껴안았다. 그는 언론 인터뷰에서 그 순간을 이렇게 설명했다.

"나도 모르게 울컥했어요. 험난한 과정을 겪어온 생각들이 머리에 스치고 만감이 교차하더군요. 진실을 말하려는 저를 믿고 꾸준하고 일관되게 팩트 위주의 보도를 해주었습니다. 너무나 고마운 기자들입니다."

고맙다는 말은 정현식 사무총장이 우리에게 할 말이 아니라 우리가 그에게 할 말이었다. 그와 그의 용기 있는 가족이 있었기에 박근혜 정부의 국정 농단이 세상에 모습을 드러낼 수 있었다.

지금 그 어느 때보다 용기 있는 사람들이 필요한 시절이다. 새로운 '정현식들'이 당당하게 밝은 햇빛 아래로 나서기를 기대해본다. 그런 기회가 앞에 있다면, 나는 한겨레신문 선임기자 때의 마음과 자세로 기꺼이 돌아갈 것이다. 그리고 그런 환경을 만들 수 있도록 지금의 자리에서 최선을 다하고자 한다.

숨은 의인

촛불 집회에서 탄핵을 거쳐 정권 교체로 이어지는 격변의 과정에서 최순실의 태블릿 컴퓨터가 결정적인 역할을 했다. 그 태블릿을 찾아내 처음 보도한 건 JTBC 기자들이었다. 그런데 최순실의 태블릿이 세상에 나오는 데는 '숨은 의인'의 도움이 있었다.

그 의인이 없었다면 제아무리 유능한 기자라도 태블릿을 입수하지 못했을 것이고, 당연히 보도도 나올 수 없었다. 그 사람의 이름은 노광일. 서울시 강남구 청담동에 있는 4층짜리 건물의 관리인이었다.

건물 관리인은 흔히 경비원으로 불린다. 경비원 노광일 씨는 한 달 봉급 140만 원을 받아 생활하며 아이들을 키우는 '이름 없는 존재'였다. 그가 관리하던 건물 4층에 최순실과 고영태가 운영하던 더블루케이가 입주해 있었다. 그리고 그 사무실 책상 서랍에 태블릿이 들어 있었다.

『사기』의 저자인 중국 역사가 사마천은 일찍이 이런 말을 했다.

> 햇빛에 바래면 역사가 되고 褪於日光卽爲歷史,
> 달빛에 물들면 신화가 된다 染於月色卽爲神話.

나는 이 말을 이병주의 소설 『산하』의 서문에서 읽었다. 기자인 나에게는 이 말이 마음 깊이 남았다. 언론 보도에서 조명하는 사건들이 쨍하고 햇빛에 드러난 정사正史라면, 저잣거리 곳곳에 스며 있는 이름 없는 사람들의 이야기는 달빛에 젖은 야사野史일 수 있다.

경비원 노광일 씨와 태블릿에 얽힌 이야기는 탄핵 정국 아래 감추어진 야사 같은 이야기다. 그러나 하찮아 보이는 민초라도 역사의 물줄기를 바꿀 수 있음을 나는 그를 통해서 보았다. 최순실을 추적하는 취재 과정에서 수많은 특종을 발굴했지만, 나는 거창한 사건과 인물들 못지않게 노광일이라는 사람을 잊을 수가 없다.

나와 방준호 기자는 2016년 11월 초와 2017년 2월 초 두 차례에 걸쳐 노광일 씨를 만나 이야기를 나눴다. 그때 나눈 이야기를 나는 한겨레의 지면('김의겸의 우충좌돌')에 게재했다. 그의 이야기를 야사로 묻어둬서는 안 되고, 정사의 수준으로 끌어올려야 한다고 보았기 때문이다.

한겨레 지면에 내가 쓴 기사 「최순실 게이트-탄핵-정권교체 '숨은 의인' 입 열다」의 인터뷰 부분을 여기에 옮겨본다.

- 이곳에서 근무하시면서 최순실 등을 직접 봤나?

"물론이다. 최순실은 항상 벤츠를 타고 왔다. 그냥 돈 많은 강남 아줌마인 줄만 알았다가 보도가 나가면서 알게 됐다. 고영태, 박헌영 등 더블루케이를 드나든 사람은 내 사무실 앞을 지나야 하기 때문에 항상 봐 오던 사람들이다. 정동춘 K스포츠재단 이사장도 제네시스를 타고 몇 번 온 게 기억난다."

- JTBC 기자가 사무실에 찾아온 게 10월 18일이다. 여기 지하 2층의 관리 사무실로 왔나?

"맞다. 그날 아침 어느 기자가 찾아와서 문을 두드렸다. 처음에는 자기 신분을 안 밝혔다. 그냥 '4층에 있던 분들 이사 가셨냐? 어디로 이사를 갔느냐?'고 물었다. 그래서 '그건 왜 묻냐. 나는 모른다. 부동산에 가서 물어봐라'고 말했다. 기자가 '어디 부동산이냐?'고 묻길래 '나도 모른다. 어디 이 근처일 테니 돌아다니면서 한번 찾아봐라'고 답했다. 그랬더니 기자가 밖으로 나가더라.

한 1시간쯤 지났나. 다시 그 기자가 찾아왔다. '4층 사람들 연락처라도 좀 알려달라'고 하는 거다. 그래서 '누구인지도 모르는데 어떻게 알려주냐'고 했더니, 'JTBC 기자'라며 자기 신분증을 보여줬다. 김필준 기자였다. 그래서 내가 '그러면 진작 말하지 왜 이제야 말 하느냐. 처음부터 JTBC라고 했으면 내가 협조했을 텐데……'라고 했다.

김필준 기자를 내 사무실로 들여서는 '뭘 도와드릴까?' 했더니 '더블루케이가 이사를 가면서 남기고 간 게 없느냐?'고 묻더라. 이사 가면서 버리고 간 파일 등 잡동사니들이 좀 있었다. 그래서 내가 혹시 취재 단서라도 될지 모르겠다며 그것들을 보여줬다. 또 더블루케이 사람들의 연락처 차량번호 같은 것도 다 알려줬다."

─4층 더블루케이 빈 사무실에는 어떻게 올라가게 됐나?

"그렇게 이것저것 보여주는데 김필준 기자가 '혹시 4층 사무실 좀 들어가볼 수 있을까요?'라고 묻더라. 그래서 '뭐 없을 텐데… 책상 하나 달랑 남아 있는데… 그래도 올라 가 봅시다' 하고 같이 여기 지하 2층 사무실에서 4층으로 엘리베이터를 타고 올라갔다. 문을 열어주고 '한번 찾아봐라'고 했더니, 역시 기자는 다르더라. 벽장을 타다닥 열어보고는 아무것도 없으니 고영태가 쓰던 책상 쪽으로 가서 서랍을 열어봤다. 먼저 위 서랍을 열어보니 몇 가지 서류가 있었다. 펜싱 관련 기획서, 배드민턴 사업 구상 같은 것들이 있었다. 김 기자가 그걸 스마트폰으로 찍고 원래 자리에 뒀다. 왼쪽 서랍을 여니 거기에 문제의 태블릿 피시가 나왔다. 오른쪽 서랍을 여니 캐논 카메라가 남겨져 있었다. 태블릿 피시를 열어보려고 했는데 전원이 나가 있고, 충전할 것도 없었다. 김 기자가 '가져가도 되겠느냐?'고 물어서 '물론이다. 필요하다면 가져가라'고 했다.

– 그러니까 그 책상에 태블릿 피시가 있을 줄은 노광일 씨도 몰랐던 거다.

"당연하다. 이사 가면서 다 버리고 간 거라, 그런 게 있을 줄은 꿈에도 몰랐다. 더블루케이가 9월 3일 이사를 갔다. 여직원이 삼성동 쪽으로 간다고 하더라. 이사를 가면서 세 가지를 놔두고 갔다. 책상, 책 받침대, 재활용품 거치대. 그래서 여직원에게 문자를 했다. '이전 시 누락됐네요. 알고 계시나요. 어떻게 할지 알려주심 감사하겠습니다' 그랬더니 그 여직원이 '안녕하세요? 식사는 하셨는지요. 다른 건 버려주셔도 되고요. 원목 책상은 수거하러 갈 테니 그냥 놔두시면 됩니다'라는 답신을 보냈어요. 그래서 원목 책상만 그냥 놔둔 거죠."

JTBC 김필준 기자는 이후 태블릿 피시를 들고 근처에 있는 삼성전자 서비스센터에 가서 구식 충전기 연결선을 사서 꽂아보니 파일들이 보여서 방송사 VJ(비디오 저널리스트)와 그 내용을 촬영한 뒤에 저녁 무렵 다시 더블루케이 사무실로 돌아가서 태블릿 피시를 원위치에 놓아둔다. 김필준 기자가 암호로 잠겨 있는 태블릿 피시를 쉽게 열 수 있었던 것은, 자신의 암호와 최순실 태블릿 피시의 암호가 똑같이 L자 모양이었

더블루케이가 입주했던 서울시 강남구 청담동 건물(위)과,
태블릿 피시가 나온 고영태의 책상(아래).

기 때문이라고 한다. 그래서 한 번에 태블릿 피시를 열 수 있었던 것이다. 만일 암호를 풀지 못했다면 박근혜 최순실 게이트의 흐름은 또 달라졌을 것이다.

- 김필준 기자가 태블릿 피시를 들고 다시 돌아왔을 때 무슨 이야기를 나눴나?
"나도 궁금해서 '뭐 혹시 좋은 정보라도 있었느냐?'고 물었더니, '생각보다 좋은 정보가 많다'고 하더라. 그래서 '다행이다. 보도를 잘 좀 해달라'고 했다."

- 18일 저녁에 JTBC와 한겨레, 경향이 더블루케이 보도를 내보냈으니, 다음 날인 19일부터는 다른 언론사 기자들이 몰려왔을 텐데.
"그렇다. 조선일보를 비롯해 많은 기자가 찾아왔다. 와서는 4층 더블루케이 사무실 열쇠가 없느냐고 물었다. 그래서 나는 없다. 왜 그런 걸 나한테 묻느냐고 잡아뗐다."

- JTBC가 태블릿 피시를 가져간 것은 언제인가?
"이틀 뒤인 10월 20일 김필준 기자가 다시 와서는 태블릿 피시를 누가 가져가거나 이 안에 있는 자료를 다 폐기할 수도 있으니 자기가 가져가서 보관하겠다고 했다. 그래서 그러라고 했다. 그날 김 기자가 자신의 핸드폰에 있는 사진들을 보여주며 누군지 아느냐고 물었는데, 그걸 보면서 고영태, 박헌영을 확인해줬다. 최순실이 가족과 찍은 사진도 있었다. 아마 태블릿 피시에 있던 걸 다운받은 것 같더라."

이후 JTBC는 10월 24일 저녁 7시 무렵 태블릿 피시를 검찰에 제출한다. 그리고 10여 분 뒤 태블릿 피시와 관련된 보도를 대대적으로 내보내기 시작한다.

- 10월 18일 JTBC 김필준 기자 말고도 경향신문과 한겨레 기자도 이 건물에 왔다.
"그랬다. 온 순서는 JTBC, 경향신문, 한겨레 순서로 기자들이 찾아왔다. 경향신문 기자는 JTBC 기자보다 30분 정도 늦게 왔다. 한겨레 기자는 오후에 왔다."

- 왜 JTBC만 도왔나?
"두 가지 이유다. 하나는 손석희 사장을 믿은 거다. 두 번째는 신문보다는 방송의 파급효과가 더 크다고 생각한 거다. 최순실 게이트가 터지고 나서 하나도 빠뜨리지 않고 온갖 뉴스를 다 봐왔다. 내가 도와줄 기회가 오니 자연스럽게 나선 것이다."

- 검찰 조사를 받은 것으로 알고 있다.

"검찰도 왜 JTBC를 도와줬는지 집중적으로 묻더라. 내가 뒤로 무슨 대가라도 받고 도와준 것 아니냐고 꼬치꼬치 캐묻더라. 아니라고 했다. 내가 적극적으로 능동적으로 협조한 거라고 진술했다. 그랬더니 검찰도 더는 안 묻더라. 나중에 김필준 기자가 '식사라도 한번 하자'고 했지만 그럴 필요 없다고 했다. 제가 식사 같은 걸 바라고 도와준 게 아니다. '기자들이 보도만 정확히 해주시면 그걸로 저는 만족합니다'라고 했다."

이쯤 되면 노광일 씨가 어떤 사람인지 궁금해진다. 해고를 당하고 법적인 책임을 질 수 있는 상황인데도 그는 진실을 알리는 데 대단히 적극적으로 협조했기 때문이다. 기자 생활을 26~27년 해왔는데, 이런 협조자를 만나 본 적도 없고 그런 경우가 있었다는 얘기도 들어본 적이 없다.

- 어떻게 살아왔는지가 궁금하다. 나이는 어떻게 되고 고향은 어디인가?

"1957년생이다. 올해가 환갑이다. 고향은 전남 함평이다."

- 한겨레 창간 독자였고, 경향신문 배가 운동을 한 걸 보니, 언론에

관심이 많은 것 같다.

"조아세를 기억하시는가. '조선일보 없는 아름다운 세상을 만드는 시민모임'의 준말로 조선일보 절독 운동을 벌이는 단체인데, 내가 초기에 적극적으로 활동한 사람 가운데 하나다. 2003년 2004년에는 지하철역 여기저기를 다니며 조아세 유인물을 뿌렸다. 한겨레, 경향신문이 호외를 찍으면 그걸 들고 서울역, 고속버스 터미널 같은 데를 돌면서 시민들에게 나눠주고는 했다. 지금은 그저 몇 군데 후원하는 정도다. 뉴스타파, 민언련, 팩트TV, 국민TV 등등에 한 만 원씩 돈을 내고 있다. 이런 단체에 내는 돈을 다 합치면 한 10만 원쯤 된다. 내가 술, 담배를 하지 않는다. 그걸 모아서 내는 거다. 글을 쓸 재주도 없고, 돈도 없으니 이렇게라도 독립언론을 돕고 싶어서 하는 거다."

– 한 달에 봉급을 얼마나 받는데 10만 원씩 내나?

"4대 보험 해주고 한 달에 140만 원씩 받는다. 명절이면 조금 더 챙겨주신다."

– 언제부터 언론에 관심이 있었나.

"1971년 7대 대통령 선거 때 내가 중 2였다. 아버지가 '김대중이 되어야 한다'고 얘기를 하시길래 이장 집에 가서 모르는 한자는 옥편을 찾아가면서 신문을 하루 종일 읽었다. 그때는 신문 들어오는 집이 이장 집

밖에 없었다. 그러다 중학교 마치고 서울로 올라와서 신문 배달을 하면서 방송통신고를 다녔다. 그때가 1974년 동아일보 백지 광고 사태 때다. 신문을 돌리면서 신문을 열심히 읽었다. 그 뒤 호텔에서 웨이터 생활을 하면서 방송통신대 행정학과를 졸업하고 제약회사에 영업사원으로 들어갔다. 55살이 정년인데 그때까지 27년을 다녔다. 진급은 못 했다. 내가 윗사람들한테 아부를 잘 못 해서."

그가 출퇴근할 때 매고 다니는 가방에는 노란 리본이 달려 있었다. 세월호의 그 노란 리본이다. 또 그의 책상에는 노무현재단 달력도 있었다. 펼쳐진 2월 달력에는 노무현 대통령의 2002년 대통령 취임식 사진이 실려 있었다.

- 노무현 대통령을 좋아하시는 것 같다.
"노사모 초창기 멤버다. 2002년 대선 때는 참 열심히 뛰었다. 내가 제약회사에서 한 일이 약국의 약사들에게 약을 파는 영업사원이었다. 그런데 그 약사들을 상대로 국민참여경선 신청서를 모으고 후원금을 걷었다. 내가 모은 국민참여경선 신청서가 한 200장 됐다. 그랬더니 회사 전무가 '너 그렇게 하면 노무현이 뭐 복지부장관이라도 시켜준다고 하냐?'고 핀잔을 주기도 했다."

노광일 씨 책상 위에 놓인 노무현재단 달력.
2017년 2월 달력에는 노무현 대통령의 2002년 대통령 취임식 사진이 실려 있다.

- 참 우연이다. 최순실의 사무실이 있는 곳에, 그것도 결정적 증거인 태블릿 피시가 있는 곳에 선생님 같은 분이 근무하고 있었다는 것이.

"나도 곰곰이 생각해 본다. 어떻게 이런 일이 나한테 일어났을까 하고. 아마도 하늘에 계신 우리 노짱님(노무현 대통령)이 이걸 하라고 기회를 주신 것이 아닌가? 그런 생각이 든다."

(출처 https://m.hani.co.kr/arti/politics/polibar/794923.html)

기자가 자랑스러웠던 순간

최순실 게이트 보도 뒤 여러 자리에서 분에 넘치는 칭찬을 받았다. 2017년 2월 말, 나는 숙명여자대학교에서 열린 언론학자 세미나에 토론자로 참석했다가 몸 둘 바를 몰랐던 적이 있다.

그 자리에서 어느 교수가 최순실 게이트 보도를 언급하며 이런 말을 했다.

"역사의 물줄기를 바꾸는 데 언론이 이렇게 주도적인 역할을 한 적이 없었습니다. 1896년 『독립신문』이 창간된 이후 120년 만에 언론이 이뤄낸 쾌거입니다."

이런 평가에 이어 또 다른 교수는 과분한 격려를 해주었다.

"워터게이트 사건 때보다 더 큰 일을 한 것입니다."

그 교수는 우리 기자들을 1970년대 초 미국에서 닉슨 대통령의 하야를 불러온 워싱턴포스트의 밥 우드워드, 칼 번스타인 기자와 비교

2016년 겨울, 광화문의 촛불혁명

했다. 물론 한겨레신문만이 아니고 JTBC, TV조선 등의 기자들을 함께 아울러서 해준 말이다.

과연 세 언론사는 그때 환상적인 협업의 힘을 보여주었다. TV조선이 불을 붙이고, 한겨레신문이 오랫동안 불을 지폈으며, JTBC가 뇌관을 폭발시켰다. 서로 눈짓 한 번 교환하지 않았는데, 마치 오래 손발을 맞춰온 축구팀의 선수들처럼 호흡이 척척 맞았다.

언론이 빛나던 시절이었다. 기자가 자랑스러운 시절이었다. 그때와 비교하면 2023년 현재의 언론은 너무 초라해보인다. 그 시절이 불과 7년 전이다. 그때라고 왜 어려움이 없었을까.

 TV조선의 정치적 지향은 지금이나 7년 전이나 크게 다르지 않다. 그래도 이진동이라는 걸출한 기자가 있었기에 가능한 일이었다. JTBC도 언론사 사주는 그대로인데, 손석희 사장이 기자들에게 취재의 자유를 주고 한 걸음 더 들어갈 수 있는 기회를 주었다.

언론사 사주들은 잘 바뀌지 않는다. 기자들이 먼저 몸부림을 쳐야 조금씩이라도 변화가 생길 것이다. 너무 어려운 주문이겠지만, 그래도 그 길밖에는 희망이 보이지 않는다.

이름 없는 시민들의 용기는 더 중요하다. 정현식 씨 가족이 없었더라면, 노광일 씨가 없었더라면, 최순실의 국정 농단이 온전히 드러났을까. 2016년 겨울에 광화문을 불살랐던 그 촛불혁명은 일어날 수 있었을까.

나는 그래도 여전히 꿈을 꾼다. 치열한 기자들이 나타나고, 용기 있는 시민들이 입을 열기를.

6장

청와대, 그 화양연화

돌고 돌아 대변인으로

최순실 게이트 취재가 끝났고, 박근혜 대통령 탄핵도 결정되었다. 나는 기자로서 다른 무엇을 바라지 않고 마땅히 해야 할 일을 해냈으며, 내 기자 인생도 별 탈 없이 흘러갈 거라고 생각했다. 아니, 그러기를 바랐다.

그런 바람과는 달리 회사와의 관계가 이상하게 뒤틀렸다. 회사가 내게 요구하는 것과 내가 회사에 바라는 것이 서로 어긋나기 시작한 것이다. 경영진은 내가 계속 현장 기자로 남아서 새로 들어서는 정부의 청와대에 출입하기를 원했다.

하지만 그때 나는 현장 기자로서 내 몫은 할 만큼 했다고 생각했다. 언론인으로서 다른 일을 해보고 싶었다. 그런 점에서 10년도 더 전에 출입했던 청와대에 다시 나가라는 요구는 받아들이고 싶지 않았다.

'내가 언제까지 소모품은 아니지 않나.'

이런 서운한 생각까지 들었다.

물론 현장 기자가 소모품이라는 게 아니다. 외국 사례를 보면 머리칼이 세고 얼굴에 깊은 주름이 진 현장 기자를 많이 볼 수 있다. 그들이 경험과 통찰을 가지고 써내는 현장의 기사들을 알고 있다. 다만 나는 개인적으로 새로운 도약을 해볼 수 있는 영역과 역할을 바랐다.

그렇게 옥신각신하던 중에 2017년 5월 9일 제19대 대통령 선거일을 맞이했다. 더불어민주당 문재인 후보의 압승이었다. 예상했던 바라 좀 싱거운 느낌마저 들었다.

자정이 넘어 잠자리에 들어 깜박 잠이 들었을까. 갑작스레 전화가 울렸다. 새벽 1시였다. 한겨레신문의 정치부장이었다. 그는 내게 최후통첩을 보냈다.

"내일 아침에 청와대로 나가주세요. 출입 기자로 등록하고요. 저도 이건 아니라고 생각하지만, 경영진의 최종 결정이니 어쩔 수 없네요."

잠이 저만치 달아나버려 이불 속에서 한동안 뒤척이고 있는데, 또 다른 전화가 걸려 왔다. 1시 30분이었다. 이번엔 문재인 캠프 쪽의 인사 양정철 씨였다.

"지금 당선자를 모시고 청와대 인사안을 짜고 있습니다. 청와대 대변인을 맡아주시면 좋겠다는 게 당선자의 뜻입니다."

뜻밖의 제안이었다.

"너무 갑작스럽네요. 제게 시간을 좀 주세요."

생각지도 못한 일이라 나는 이렇게 대꾸할 수밖에 없었다.

5월 10일 새벽에 잇따라 걸려 온 두 통의 전화. 하나는 청와대 출입 기자를, 하나는 청와대 대변인을 제안했다. 자리만 다를 뿐, 어느 쪽이든 청와대로 출근해야 하는 운명이었다.

그때부터 밤을 꼬박 새우며 고민을 거듭했다. 마음은 결국 대변인 쪽으로 기울었다. 최순실 게이트 취재로 문재인 정부가 들어서는 데 벽돌 한 장은 보탰다는 자부심이 있었다. 그리고 문재인 정부의 성공을 위해 혼신의 힘을 기울여 일해보고 싶다는 욕심도 작용했다.

5월 10일 오후에 나는 청와대 쪽에 먼저 통보했다.

"내일 아침에 청와대로 출근하겠습니다."

이어서 회사로도 전화를 걸어 내 결심을 전했다.

회사가 발칵 뒤집혔다. 그날 늦은 밤이었다. 편집국장과 주요 부장들, 그리고 정치부 후배들이 한꺼번에 우리 집으로 들이닥쳤다.

한편으로는 가지 말라고 호소하기도 하고, 한편으로는 그 선택으로 인한 후유증이 클 것이라고 으름장을 놓기도 했다. 현직 언론인이 정부의 공직에 곧바로 옮겨가는 것은 윤리적으로 온당하지 않다는 것이었다. 독립언론을 자부해온 한겨레신문으로서는 정치와 언론의 유착 같은 비판에 직면하는 건 상상하기 싫은 일일 터이다.

편집국장은 나를 설득하다가 그 자리에서 청와대 인선을 맡고 있

우여곡절 끝에 청와대 대변인이 되었다.

던 김경수 전 경남지사에게 전화를 걸었다.

"이러면 안 되지요. 왜 안 되는 일인지 잘 아시잖습니까. 대변인 인사를 당장 취소해주세요."

이렇게 실랑이를 벌이면서 두 번째 밤을 또 지새웠다. 그들이 새벽에 떠나고 나서도 내 결심은 여전했다.

비몽사몽의 상태에서 나는 5월 11일 아침 일찍 청와대로 가는 5호선 지하철을 탔다. 광화문에서 내려 청와대까지 걸어갈 생각이었다. 신문사로 출퇴근할 때도 늘 타던 노선이었다. 지하철을 타고 가는 도중에도 전화가 끊임없이 울렸다.

모두 회사 사람들이었다.

"그게 잘한 결정인가? 만류하는 후배들 생각을 해봐."

"지금이라도 그냥 회사로 돌아와요."

속이 불편하고 메스꺼워졌다. 어딘지도 모르고 전철에서 내렸다. 두리번거리니 공덕역이었다. 한겨레를 다니며 매일 내리던 역이었다. 뭔가 또 운명 같은 게 느껴졌다.

회사는 애초 목적지가 아니었으니 그냥 다시 집으로 돌아왔다. 최순실 취재 때 동고동락했던 류이근, 하어영 등의 후배 기자들이 집 앞에서 서성이고 있었다. 그들은 아무 말도 하지 않았다. 나도 할 말이 없었다.

우리는 말없이 소주잔을 기울였고, 대낮부터 만취했다. 그런 어느 순간 나는 양정철 씨에게 전화를 걸었다.

"나, 청와대 못 가겠어요. 그냥 그리 알아줘요."

청와대 가는 일은 그렇게 철회되었다. 대변인 자리는 박수현 전 국회의원에게 돌아갔다.

그런 소동을 벌이고 논란을 만들어 놓았으니 신문사에서도 정치부에는 더 이상 있을 수가 없었다. 문화부로 보내달라고 자원했다. 거기서 책 속에 파묻혀 살아야겠다고 생각했다.

그렇게 두어 달이 지나갔는데, 청와대의 임종석 비서실장한테서 전화가 왔다.

"이제 그만 거기서 나오시죠. 언젠가는 저희하고 함께 일하실 텐데, 한겨레를 더 다니시는 게 무슨 의미가 있겠습니까?"

임종석 비서실장의 말이 맞는 것 같았다. 그 통화를 하고 곧 사표를 썼다. 기자 생활의 동반자였던 담배도 끊었다. 2017년의 7월이었다.

이듬해인 2018년 1월, 윤영찬 국민소통수석비서관으로부터 전갈이 왔다. 박수현 대변인이 충청남도지사 선거에 출마하려고 청와대를 나가니 준비하라는 것이었다. 돌고 돌아 다시 대변인이었다.

첫 출근을 하는 날, 문재인 대통령이 점심을 함께하자고 했다. 대통령 집무실 바로 옆 회의실에 밥이 차려져 있었다. 나는 바짝 긴장해서 밥이 어떻게 넘어가는지도 몰랐다. 이윽고 대통령이 말문을 열었다.

"참여정부 때 말입니다. 노무현 대통령을 잘 모르는 분이 대변인을 맡아서 혼선이 생기고 논란을 일으킨 경우가 있었죠."

"네."

"그렇지 않을 거라는 기대를 하며 김 대변인을 임명한 것입니다."

내가 문재인 대통령을 잘 알고 있을 것이라는 의미였다. 불필요하거나 불미스러운 일이 없어야 한다는 당부이기도 했다. 겁이 덜컥 났다.

기자와 취재원으로서 몇 차례 만난 적은 있으나 내가 문재인 대통령을 감히 잘 안다고 할 수는 없었다. 그래서 내가 겨우 꺼내놓은 대답은 이랬다.

"청와대 출입 기자들의 말진이 되어서 기자들이 궁금해하는 점은 직접 여쭤보겠습니다. 귀찮게 해드리겠습니다."

"하하, 와서 직접 물어보고 대답을 듣는 것이 가장 좋은 방법이죠. 언제든지 오세요."

대통령은 특유의 웃음과 함께 기꺼이 그러라고 했다. 그렇게 나의 청와대 생활이 시작되었다.

남북 정상과 백두에 오르다

2018년 9월 18일 오전 8시 48분, 대통령 전용기가 성남의 서울공항을 이륙했다. 김정은 북한 국무위원장과 세 번째 남북정상회담을 하기 위해 떠나는 길이었다. 물론 나도 문재인 대통령을 수행하여 그 비행기에 탔다.

대통령 전용기는 서해로 빠져나갔다가 평양을 향해 기수를 틀었다. 평양에 착륙하기 전, 대통령에게 소감을 물었다. 뭔가 기록을 남겨야 할 것 같았다.

"비행기가 서해를 벗어나 북녘땅에 들어오면서부터 쭉 아래를 내려다봤습니다. 나무도 많고, 보기에는 남북이 갈라진 땅으로 전혀 느낄 수 없더군요."

나 역시 그랬다. 서울에서 평양으로 가는 비행에서는 여느 해외순방 때와는 전혀 다른 감정을 느꼈다. 그것은 한반도 내부의 이동이었고, 같은 민족과 언어 속의 이동이었다. 묘한 기분이었다.

오전 10시께 우리는 평양순안국제공항에 도착했다. 우리 수행원은 대통령보다 먼저 내려 붉은 카펫 위로 도열했다. 얼마 뒤 대통령이 비행기에서 내려 김정은 국무위원장과 악수를 나눴다.

김정은 위원장이 먼저 문재인 대통령에게 북측 인사들을 한 사람 한 사람 소개했다. 문재인 대통령은 웃는 얼굴로 일일이 악수했다.

다음에는 거꾸로 문재인 대통령이 김정은 위원장에게 우리 쪽 인사들을 소개했다. 정의용 안보실장, 조명균 통일부 장관, 강경화 외교부 장관의 순으로 인사를 나눴다. 내가 제일 마지막이었다.

문재인 대통령이 내 앞에서 김정은 위원장을 향해 말했다.

"청와대 대변인입니다."

김정은 위원장이 손을 내밀었다. 나도 남들처럼 살짝 고개를 숙이며 악수했다. 그런데 문재인 대통령이 한마디 덧붙이는 것이다.

"우리 둘의 남북정상회담 합의문을 발표할 사람입니다."

문재인 대통령은 그러면서 내 어깨를 툭 한 번 쳤다. 그러자 김정은 위원장이 대꾸했다.

"잘 압니다. 텔레비전에서 많이 봤습니다."

그러더니 그가 내 왼쪽 팔을 잡는 것이었다.

사람은 어쩔 땐 참 단순하다. '백두 혈통'이 어떻고 '최고 존엄'이 어떻고 하는 말이 뇌리에 각인되어 있었으니 나는 아무래도 긴장이 되는 자리였다. 북한의 최고 지도자라면 뭔가 범접하기 힘든 존재로 여겨졌다. 그러나 김정은 위원장이 팔을 한 번 잡아주고 잘 안다고 한 마디 해준 것에 나도 용기를 얻었다.

'말을 붙여봐도 되겠구나!'

금세 이런 생각이 뇌리를 스쳤다.

나는 청와대 대변인을 하면서도 부지중에 기자 정서에 빠져 있을 때가 있었다. 내 눈앞에서 역사적인 장면이 펼쳐지면 '야, 이거 특종인데!' 하는 생각부터 들곤 했다.

김정은 위원장을 마주치면서도 그랬다. 그와 '단독 인터뷰'라도 할 수 있다면 인생 최고의 취재 중 하나가 될 터였다. 물론 그런 인터뷰는 실현 불가능한 것일 테고, 첫 대면 자리에서 몇 마디 말은 붙여볼 수 있겠다는 느낌은 들었다. 그만큼 분위기가 화기애애했다.

그날 저녁 북쪽의 숙소인 목란관에 도착해보니, 내 자리가 헤드테이블에 배치되어 있었다. 문재인 대통령, 김정은 위원장과 가까운 자리였다. 김영철 통일전선부 부장이 내 옆자리였다.

대변인이니 두 정상이 주고받는 말을 듣고 기자들에게 브리핑을 잘하라고 주어진 자리였다. 내게는 무엇보다 김정은 위원장을 가까이서 관찰할 수 있는 아주 좋은 기회였다. 대변인이기 전에 기자의 호기심이 다시금 발동했다.

카메라가 돌아가는 동안에만 해도 김정은 위원장은 긴장하는 눈빛이더니, 카메라가 나간 뒤로는 눈에 띄게 편안해진 것 같았다. 북측의 현송월이 만찬의 분위기를 띄우는 역할을 맡았다.

현송월은 자리를 돌면서 건배를 유도했다. 그런 분위기 속에서 우리 측과 북측의 고위관계자 둘이 러브샷을 했다. 김정은 위원장이 그걸 보며 한마디 했다.

"두 분의 저런 장면을 볼 수 있을 거라고는 아무도 생각하지 못했을 겁니다."

그러더니 우리 쪽 고위관계자를 향해 말을 건넸다.

"이 소식이 알려지면 이제 남쪽으로 못 갑니다. 이왕 러브샷을 했으니, 그냥 여기서 눌러사시라요. 여기가 훨씬 좋습니다."

이 말에 만찬장은 한바탕 웃음바다가 되었다.

이내 좌중에서 리설주 여사에게 노래를 한 곡 하라는 권유가 이어졌다.

"못 합니다."

리 여사는 한사코 손사래를 쳤다. 김 위원장이 옆에서 말을 거들었다.

"아이들 키우느라 언제 마이크를 잡아봤어야지."

그러면서 너털웃음을 터뜨렸다. 리설주 여사는 대신 술잔을 들더니 좌중 모두에게 파도타기 건배를 제안하며 노래하라는 권유를 피해갔다.

둘째 날인 19일에는 역사적인 평양공동선언과 9·19 군사분야 남북합의서 서명식이 열렸다. 문재인 대통령의 감동적인 능라도 연설도 있었다. 15만 북한 동포 앞에서 대한민국 대통령이 직접 연설을 한 건 초유의 일이었다. 그걸 지켜보는 것도 가슴 뭉클했지만, 내게 가장 기억에 남는 건 셋째 날의 백두산행이었다.

9월 20일, 아침에 평양을 떠난 비행기는 착륙을 위해 백두산 부근의 삼지연공항 위를 돌고 있었다. 나는 다시 대통령에게 소감을 물었다.

"백두산에 꼭 오고 싶었어요. 중국을 통해서 가자는 제안을 여러 번 받았지만, 꼭 북한 땅을 밟고서 백두산에 오르겠다면서 가지 않았죠. 그런데 이런 날이 오네요."

문재인 대통령의 목소리에서 감격이 묻어났다.

삼지연공항에서 백두산까지는 차로 이동했다. 차창 밖으로 보이는 풍경은 여기가 우리나라 맞나 싶은 생각이 들 정도로 이국적이었다. 고등학교 때 제주도 수학여행을 가서 느꼈던 이국적인 느낌보다 훨씬 강렬했다.

눈앞으로 완만하게 경사를 이룬 광활한 백두의 고원지대가 펼쳐졌다. 고원엔 자작나무와 가문비나무 등이 태고의 숲처럼 울창했다. 텔레비전에서나 보던 시베리아의 원시림 같았다.

나와 함께 차를 타고 갔던 이는 북측의 김성혜 통일전선부 실장이었다. 이제는 낯이 익어서 스스럼없이 대화를 나눴다.

"나이가 어떻게 돼요?"

"그런 건 묻는 게 아닙니다. 실례되는 질문이지요."

나이 질문에 김성혜는 쌀쌀맞은 표정이더니 백두산 밀영 얘기를 꺼내며 열변을 토했다.

"이곳은 우리 조국의 성지입니다. 풀 한 포기, 돌멩이 하나에도 혁명 열사들의 피가 묻어 있습니다."

상투적인 체제 선전으로 들릴 수도 있지만, 이런 원시림이었기에 일제강점기에도 거점으로 삼아 싸울 수 있었겠다는 생각이 들었다.

그런 설명을 들으며 차창 밖 풍경에 넋을 놓고 있는 사이 차량 행렬은 백두산 장군봉의 코앞에서 멈췄다. 거기서 다시 천지로 내려가기 위해서는 1.5킬로미터 길이의 케이블카를 타야 했다. 규모가 작은 케이블카는 한 대당 네 명이 탑승할 수 있었다.

나는 전날 목란관 만찬 때 옆자리에 앉았던 김영철과 함께 탔다. 그런 인연으로 친밀감을 느낀 건지 그는 소소한 얘기를 하면서 이렇게 물었다.

"아니, 김의겸 대변인은 학생 시절에 용맹하게 독재정권에 맞서 싸우던 사람으로 알고 있습니다. 그런데 왜 대변인이 되고 나서는 그토록 순해졌습니까?"

"제가요? 하하하."

그의 말은 아마도 남북 대화를 반대하는 쪽에 내가 왜 강하게 맞서지 않느냐는 뜻인 듯했다. 물론 그저 그만의 가벼운 인상평이었을 수도 있겠다.

그 사이 천지의 물가에 도착했다. 위에서 바라본 천지의 모습도 장대했지만, 아래에서 바라본 천지는 정말 장관이었다. 거대한 봉우리들에 둘러싸인 푸른 천지는 드넓고 푸르렀다.

우리는 너나 할 것 없이 천지에 손을 담가보았고, 손으로 물을 떠 마셔보기도 했다. 이 사람 저 사람과 뭉쳐서 단체 사진도 여러 장 찍었다. 사진을 찍는 도중에 강경화 장관이 손가락 하트를 하고 찍자고 제안했다.

김정은 위원장이 어찌할 줄 몰라 하면서도 우리를 따라 오른손 엄지와 검지로 하트 모양을 흉내 냈다. 그의 바로 오른쪽에 있던 리설주 여사는 손가락 하트를 하는 대신 자기 오른손의 손바닥으로 김 위원장의 손을 떠받쳤다.

사진 찍기를 마치자 김정은 위원장이 내게 먼저 말을 걸었다.

"아까 그거(손가락 하트)를 어떻게 하는 겁니까? 나는 모양이 안 나옵니다."

"엄지와 검지를 교차시켜야 하트 모양이 나옵니다. 이렇게요."

나는 웃으면서 방법을 가르쳐줬다. 북한의 '최고 존엄'과 이런 일상적인 대화를 나눈다는 게 실감이 나지 않았다. 어떻게든 손가락 하

공항에서도, 만찬장에서도, 천지에서도 남북 정상이 만나는 자리의 분위기는 화기애애했다.

트를 만들어보려는 김정은 위원장을 보며 이런 생각이 들었다.

'아, 이 사람도 평범한 30대 청년이구나.'

김정은 위원장에게 북한은 자기 할아버지와 아버지가 일구고 가꿔온 나라다. 핵과 미사일로 지켜보려고 하지만, 그런 식으로 오래 지탱할 수는 없다는 걸 스스로 잘 알고 있을 것이다. 그래서 지금 그는 테이블에 앉아 세기의 도박을 하고자 한다. 핵과 미사일을 최대한 비싸게 활용하여 북한의 안위와 번영의 대가를 얻고자 미국과 남쪽을 상대로 협상을 해보려는 것이다.

이제 30대 중반에 불과한 김정은 위원장에게는 인생 최대의 결단이 아닐 수 없다. 평범해 보이는 청년의 어깨가 얼마나 무거울지 짐작이 갔다. 실제로 그는 명랑해 보이다가도 어느 순간 깊은 고민에 빠진 듯 표정이 굳어지는 경우가 종종 있었다.

남북 정상의 백두산 일정은 전날에서야 겨우 결정되었다. 문재인 대통령이 밀어붙이지 않았으면 성사되지 않았을 것이다. 이에 대해 대통령은 서울에 돌아온 후에 이렇게 회고했다.

"백두산 방문은 꼭 성사시켜야 한다고 내가 주장했어요. 그러나 북한이 준비가 안 되어 있었어요. 게다가 기상 여건도 좋지 않았지요. 열흘 전에 눈이 내렸다는 거예요. 그러나 '무조건 가겠다, 못 가면 갈 수 있는 곳까지라도 가겠다'고 우겼죠. 그런데 운 좋게도 산신령이 도왔는지 기적처럼 날씨가 맑았어요."

사정이 이러했으니 북한으로서는 문재인 대통령이 무척 버거운 손님이었을 게 틀림없다.

그날 백두산으로 가는 길에서 보았다. 삼지연에서 백두산으로 가는 길은 허겁지겁 공사를 하느라 파헤쳐놓은 채 마무리하지 못한 곳이 자주 눈에 띄었다. 삼지연초대소에서 점심을 먹고 빠져나오는데, 도롯가에 심어놓은 잔디가 어색해보였다. 한번 손을 대보니, 그냥 쑥 뽑혀 나왔다.

북측에서는 남쪽에서 귀한 손님이 온다고 도로도 정비하고 잔디도 심었는데, 급히 서두르다 보니 이래저래 어설픈 것이 있었다. 그래도 정성스레 우리를 맞아준 북쪽의 마음은 고맙지 않을 수 없다. 미안하기도 했다.

그렇게 불과 몇 년 전만 해도 남과 북은 마음을 주고받았다. 지금은 모진 칼바람만 분다. 언제가 될지 모르지만, 다시 한 번 백두산에 가 보고 싶다. 그때는 정말이지 어떤 거센 비바람에도 뽑히지 않을 평화의 나무를 심고 싶다.

평화로 가는 길이 곧지 않아도

문재인 대통령은 평양 방문의 성과를 두 손에 들고 뉴욕행 비행기를 탔다. 평양 방문의 흥분이 채 가라앉기도 전이다. 그해 9월 26일에 유엔총회의 기조연설이 예정되어 있었다.

유엔총회 연설도 중요했지만, 역시 가장 중대한 사안은 트럼프 미국 대통령과의 정상회담이었다. 김정은 북한 국무위원장과 평양에서 했던 제3차 남북정상회담의 결과를 토대로 북미정상회담을 가능한 한 빠르게 이끌어내는 게 목표였다.

한미 정상회담은 2018년 9월 24일에 뉴욕의 롯데호텔에서 열렸다. 문재인 대통령은 김정은 위원장이 비핵화 의지를 거듭 밝혔다는 점을 강조하며 대화를 시작했다. 김정은 위원장이 문재인 대통령을 통해 트럼프 대통령에게 전한 내용은 대략 이러했다.

북한은 비핵화 협상을 빠르게 마치고 경제에 전념하고 싶어 한다. 미국 일각에서는 북한이 속임수를 쓰고 시간 벌기를 하고 있다는 불신이 있는 것으로 안다. 그러나 이 마당에 북한이 굳이 속임수를 쓰고 시간을 벌 이유가 뭐가 있겠나. 그러면 북한은 미국으로부터 엄청난 보복을 받게 되는데, 북한이 그걸 감당할 수 있겠나. 속이거나 시간을 버는 건 꿈에도 생각하지 않는다고 본다.

문재인 대통령의 이러한 설명에 트럼프 대통령은 몇 차례 고개를 끄덕였다. 그리고 두 정상의 대화는 바로 본론으로 넘어갔다. 논의의 핵심은 싱가포르에서 열렸던 북미 정상회담 이후 진척이 없는 다음번 정상회담의 일시와 장소였다.

회담에서 오고 간 내용을 내가 이해한 대로 정리하면 다음과 같다.

북한으로서는 회담 장소 문제가 절박하다. 제1차 싱가포르 북미 회담 때는 어쩔 수 없이 중국 비행기를 이용할 수밖에 없었지만, 더 이상 그런 방식은 곤란하다. 당시 노동신문이 1면에 게재한 사진에는 김정은 위원장이 비행기 트랩에 올라 손을 흔드는 모습이 보인다. 그런데 그의 옆으로 중국의 오성홍기가 선명히 박혀 있다. 체면이 구겨진 것이다. 그래서 북한은 기차 편으로 이동이 가능한 몽골을 우선으로 꼽는다. 그게 안 된다면 미국이 '큰 배'를 북한 해역에 띄우고 회담을 하는 것도 가능하다.

한미 정상 사이에 그런 얘기가 오가는 걸 들으며 무척 놀랐다.
'미국이 북한 해역에 큰 배를 띄우고 정상회담을 한다?'
이 말은 미국 항공모함이 북한의 원산 앞바다까지 들어온다는 얘기로 들렸다. 미국 항공모함이라면 핵 추진 항공모함이고, 그건 한반도의 긴장이 고조될 때 우리 해역에 전개되는 '전쟁의 화신'으로 불리지 않았던가. 그런데 그 배가 평화를 위한 배로 쓰일 수도 있다니.

나도 놀랐지만, 트럼프 대통령도 놀란 듯했다. 트럼프 대통령은 그 말에 문재인 대통령을 정면으로 쳐다보며 귀를 쫑긋 기울였다.

"멋지군요."
"훌륭한 발상입니다."

트럼프 대통령은 이런 식의 대꾸를 여러 번 했다. 그러고는 얼굴을 돌려 자신의 미국 측 참모들을 향해 동의를 구하는 투로 물었다.

"그렇지 않습니까?"

당시 정상회담의 미국 측 자리에는 마이크 펜스 부통령, 마이크 폼페이오 국무장관, 존 볼튼 국가안전보장회의 보좌관, 트럼프 대통령의 딸 이방카, 새라 샌더스 백악관 대변인 순서로 앉아 있었다.

나는 그들의 얼굴을 유심히 쳐다보았다. 펜스는 '예스맨'으로 알려진 인물이었다. 그는 트럼프 대통령을 향해 가볍게 웃어 보였다. 대북 강경파지만 보스의 뜻을 따르겠다는 뜻으로 보였다. 그러나 억지웃음으로 느껴졌다. 폼페이오는 아무런 표정을 짓지 않았다. 불만이지만 표현은 하지 않는 것이다.

볼튼은 듣던 대로 역시 강경파였다. 그는 트럼프 대통령의 눈길을 피하고 싶었는지, 갑자기 다리를 트럼프 대통령의 반대 방향으로 홱 꼬았다. 그러고는 커다란 노트에 뭔가를 적느라 바쁜 척을 했다. 절대 동의할 수 없다는 무언의 표시였다. 딸인 이방카만이 환하게 웃었다. 아버지가 좋다니 자기도 좋다는 의미였다.

그 순간 나는 불길한 마음에 사로잡혔다. 지금 어렵게 끌어가고 있는 북미 대화가 자칫 한여름 밤에 잠시 화려하게 펼쳐지는 불꽃놀이처럼 되지 않을까. 미국의 전통적인 외교정책과 거리가 있는 트럼프 대통령은 북미 대화를 받아들일 수 있을지도 모른다. 하지만 오랫동안 기존의 대북 관념이 뿌리 깊은 외교 라인에서는 좀체 받아들이기 힘들구나. 그런 우려감이었다.

이런 느낌은 그 몇 달 전에도 있었다. 남북의 역사적인 판문점 회담 다음 날인 4월 28일 밤이었다. 그 회담 결과를 공유하기 위해 문재인 대통령은 트럼프 대통령과 통화를 하기로 했다.

문재인 대통령은 그 통화에 심혈을 기울였다. 안보실에서는 통화할 내용을 두툼한 자료로 준비했다. 그런데도 대통령은 관저에서 혼자 별도로 메모를 준비해 왔다. A4 용지로 7~8장 분량이었다. 그러고도 미국 쪽에서 연락이 올 때까지 대화할 내용을 계속 추가하며 가다듬었다. 메모지를 더 가져다 달라고 하기까지 했다.

그때도 북미 정상회담의 장소가 문제였다. 미국이 제안한 트럼프 대통령의 별장 마라라고 리조트나 하와이까지 가기에는 북한의 비행기 사정이 안 되어 힘들었다. 싱가포르는 열차 편으로 갈 수도 있으나 시간이 너무 많이 걸렸다.

북한으로서는 아무래도 판문점이 최적이었다. 이런 뜻을 문재인 대통령이 트럼프 대통령에게 건네자 첫 반응은 시원치 않았다.

"어제 텔레비전에서 남북 정상이 판문점에서 만나는 걸 봤습니다. 보기에 좋더군요."

트럼프 대통령의 반응은 이런 정도였다. 그러나 문재인 대통령이 거기서 포기할 사람이 아니었다.

"대통령님, 북미 회담이 성공하면 나도 회담에 합류할 수 있습니다. 그 자리에서 세 정상이 함께 종전선언을 한다면, 그건 세계사적인 대전환의 출발점이 될 것입니다."

문재인 대통령은 트럼프 대통령이 좌우에 남북 정상과 함께 손을 잡고 종전선언을 하는 그림을 구체적으로 그려 보였다. 트럼프는 조금씩 관심을 표하더니, 구체적으로 판문점의 위치를 물었다. 그는 남쪽의 평화의 집과 자유의 집에도 관심을 보였다.

나도 그 통화를 곁에서 들으면서 절로 흥분이 되었다.

2019년 6월 30일 남북미 정상이 판문점에서 만났다.

'야, 판문점에서 역사적인 북미 정상회담이 이뤄지는구나. 이어서 남-북-미 3자가 종전선언을 할 수도 있겠구나. 이렇게 한반도의 냉전과 분단이 종지부를 찍게 되는 건가!'

그런 기대감이 마음속에서 뭉게구름처럼 일었다.

트럼프 대통령의 반응이 점점 고조되자 문재인 대통령의 얼굴도 상기됐다. 트럼프 대통령은 전화를 끝마치며 말했다.

"언제든지 전화하십시오. 사전에 실무진들끼리 조율할 필요도 없습니다."

이 말에 나는 트럼프 대통령이 판문점 북미 정상회담을 받아들였다고 판단했다.

1시간 10분 동안 이어진 긴 통화였다. 수화기를 내려놓고 문재인 대통령은 안도의 한숨을 내쉬었다. 나도 모르게 자리에서 벌떡 일어났다.

"대통령님, 축하드립니다."

나도 모르게 나온 말이었다.

그러나 그 벅찬 희망은 오래가지 않았다. 트럼프 대통령의 참모들이 완강하게 반대하여 판문점 회담은 불발되고 말았다.

트럼프 대통령이 항상 참모들의 반대에 막히기만 한 것은 아니었다. 싱가포르 북미 회담을 마치고는 그가 들뜬 목소리로 전화를 걸어왔다.

"내가 지금 27시간째 일하느라 잠을 못 자고 있습니다."

그렇게 말하면서도 김정은 위원장과의 정상회담 대화 내용을 자세히 설명해주었다. 그러면서 덧붙였다.

"문 대통령을 보면, 대한민국 대통령이 아니라 왕을 뽑는 선거에 나가도 당선될 것 같아요."

대북 외교와 관련하여 문재인 대통령의 역할과 실행 능력에 대한 높은 평가였다. 트럼프 대통령이 얼마나 싱가포르 북미 회담의 결과에 흡족해하는지 '왕'이라는 표현에서 읽을 수 있었다.

하지만 트럼프 대통령의 대북 정책은 시소를 탄 듯 늘 오락가락했다. 그런 미국 외교의 속성을 문재인 대통령은 누구보다 잘 알고 있었다. 그에 대해 문재인 대통령은 이런 취지로 언급한 적이 있다.

> 미국이 북미 관계를 개선할 의지가 있느냐? 솔직히 말하면 양면적이다. 개선이 필요하다는 사람들은 2018년 평창 동계올림픽으로 조성된 분위기를 대화로 연결시키려고 하고 있다. 반면, 북미 관계를 이간시키려는 사람들도 있다. 트럼프 대통령은 강한 결단력을 보여주고는 있지만, 북미 관계를 둘러싼 서로 다른 견해를 의식하고 있다.
> 모순된 얘기도 한다. 한편으로는 좋은 말을 하면서도 또 한편으로는 발을 뺀다. 비공개적으로는 북한과 마주 앉을 수 있다고 하면서도 반대하는 세력들을 의식해 공개적으로는 반대의 뜻을 나타내고 있다.

우리는 이런 상황을 받아들이면서 현명하게 행동해야 한다. 살얼음판 걷듯이 조심조심 걸어야 한다.

어느 날인가, 임종석 비서실장이 미국에 대해 불만을 나타낸 적이 있다. 남북 사이의 철도를 연결하는 사업이 미국의 대북 제재로 길이 보이지 않자 문재인 대통령이 있는 자리에서 이렇게 말했다.
"그냥 저질러버리지요."
대통령은 웃으며 대꾸했다.
"그럴 거면 미국에서 태어나지 그랬어요."
대통령은 늘 한반도를 둘러싼 외교적 어려움을 직시했고, 그러함에도 인내심을 가지고 지혜롭게 대처해야 함을 생각했다.
나는 청와대 대변인으로 들어가자마자 2018년 2월 평창 동계올림픽으로 남북 대화의 길이 열리는 장면을 목격했다. 2019년 2월 베트남 하노이에서 열린 제2차 북미 정상회담이 성과 없이 끝나면서 사실상 북미 간 대화의 문이 닫히는 걸 보고 청와대 문을 나왔다.
일부에서는 문재인 대통령의 평화 외교가 결국 실패한 것 아니냐고 냉소적으로 말한다. 그리고 지금의 윤석열 정부는 오직 힘으로 북을 제압하려 하고 있다. 동북아는 다시금 예전의 대결 국면으로 치닫고 있다.
이에 대해 임종석 전 비서실장은 2023년 4·27 판문점선언 5주년

기념식에서 이렇게 말했다.

"비록 2019년 2월 하노이에서 평화의 열차가 멈추었지만 실패했다고 생각하지는 않습니다. 정상에 못 갔으니 결국 등반에 실패한 것 아니냐는 비난은 그저 산에 오를 용기가 없는 자들의 비난일 뿐입니다. 우리는 정상을 밟지 못했지만 8부 능선을 넘어 정상의 모습을 보았습니다. 다시 산에 오르는 날, 지난 여정은 9부 능선을 거쳐 마침내 정상에 오르는 길잡이가 되어줄 것입니다."

아베의 오래된 꿈

2018년 2월 9일, 문재인 대통령과 아베 일본 총리의 정상회담이 열렸다. 평창 동계올림픽 개막식 참석을 위해 아베 총리가 방한한 것이다. 나로서는 아베를 실물로 처음 보는 자리였다. 아니, 문재인 정부에서 한일 정상회담 자체가 처음이었다.

한일 정상의 첫 회담이니만큼 한일 관계에 조금이나마 진전이 있기를 바랐다. 그러나 그런 기대는 처음부터 두 동강이 나고 말았다. 아베 총리는 회담장의 자리에 앉자 노트를 꺼내들고 일방적으로 읽어 나갔다. 두 정상의 의자는 서로를 비스듬히 앉도록 배치가 됐는데, 그는 문재인 대통령에게 눈길 한 번 마주치지 않았다.

아베 총리로서는 두 가지가 불만이었다. 일본군 위안부 피해자 문제, 그리고 북한 문제였다. 문재인 대통령은 경직되고 고압적인 태도로 일관하는 아베 총리의 옆얼굴을 빤히 바라보았다. 답답하다는 건지 한심하다는 건지 모를 표정이었다.

아베의 말이 끝나고 문재인 대통령의 반격이 시작되었다. 대통령은 때로 목소리를 높이기도 하고, 때로 하소연하기도 했다. 두 사람의 주장은 끝내 평행선을 달렸다.

정상회담이 진행되는 동안 나는 내용을 빠르게 받아적으면서도 걱정이 되었다. 이 회담 내용을 그대로 공개할 수는 없었다. 그날은 평창 동계올림픽을 여는 축제의 날이다. 불과 몇 시간 뒤 밤 8시에 개막식이 열린다. 북한에서 김영남 최고인민회의 상임위원장과 김여정 부부장 등 손님이 내려온 날이다. 남북 관계가 해빙되고, 북미 대화가 시작되기를 학수고대하는 날이다.

그런데 두 정상의 대화 내용을 그대로 언론에 전달했다가는 축제에 찬물을 끼얹게 될 것 같았다. 회담을 마친 뒤, 나는 외교부 관계자를 찾았다. 어디까지 언론에 공개할지 상의하고 싶었다. 그러나 일본통이라는 외교부 관계자도 난감해했다.

"글쎄요."

그러나 그런 고민은 오래가지 않았다. 일본 쪽이 먼저 아베 총리의 발언을 일본 언론에 공개한 것이다. 그러면 우리 쪽은 그에 대응하여 우리 대통령의 발언을 소개하는 것으로 균형을 맞추면 될 것 같았다.

다음 날 우리 언론은 '문 대통령-아베 위안부 합의 정면 충돌'이라는 식으로 보도를 내보냈다. 북한과 관련한 두 정상의 논쟁은 위안부 문제에 비해 상대적으로 적게 보도되었다. 그건 대변인인 내가 최대한 둥글둥글하게 두 정상의 대화를 소개했기 때문이다. 날카롭게 대립한 부분은 깎아버리고 브리핑을 한 결과였다.

그런데 그건 대통령의 뜻이 아니었다. 다음 날 문재인 대통령과의 티타임 때, 대통령이 말했다.

"오늘 아침 신문들을 보니, 북한 문제와 관련한 내용이 없더군요. 추가로 브리핑하세요. 일본 말만 일방적으로 보도되고, 우리는 주권국가인데 아무런 응대도 하지 못한 것으로 비치면 안 되죠."

말은 부드러웠지만, 사실상 질책이었다. 그래서 9일의 정상회담 내용 중 중요한 부분을 하루가 지나서 다시 추가로 브리핑해야 했다.

9일 정상회담 때 아베 총리가 한 말은 이러했다.

"북한의 비핵화에는 진지한 의사와 구체적인 행동이 필요합니다. 한미 합동 군사훈련을 연기할 단계가 아닙니다. 한미 합동 군사훈련은 예정대로 진행해야 합니다. 북한이 절박한 위기를 직시할 수 있도록 최대한의 압력을 가해야 합니다. 흔들지 않도록 해야 합니다."

이에 대해 우리 대통령이 반박했다.

"한미 간 군사훈련을 연기하지 말라는 총리의 말은 북한의 비핵화가 진전될 때까지 아무것도 하지 말라는 말로도 이해하게 됩니다. 이는 주권과 내정에 관한 것으로, 이를 직접 거론하는 것은 곤란합니다."

이런 식의 대화가 오고 갈 때, 두 정상의 눈에서는 불꽃이 튀기는 듯했다.

사실 한일 정상회담 직전에 문재인 대통령과 트럼프 미국 대통령은 정상 간 통화를 하고, 평창 동계올림픽 기간에는 북한이 민감하게 반응하는 한 군사훈련을 하지 않기로 합의했다. 그런데 아베가 이를 무시하고 한미 합동 군사훈련을 계속하라고 압박을 가한 것이다.

아베의 이런 무례함은 그날 저녁에도 이어졌다. 9일 저녁에는 만찬이 준비되어 있었다. 만찬장의 헤드테이블에는 마이크 펜스 미국 부통령과 아베 일본 총리, 그리고 김영남 북한 최고인민회의 상임위원장이 같이 앉게 배치되어 있었다.

다들 일찍 만찬장에 들어와 자리에 앉았는데, 아베 총리와 펜스 부통령이 나타나지 않았다. 둘이서 별도로 회담을 한다는 것이었다. 그들을 기다리던 문재인 대통령은 할 수 없다는 듯이 만찬을 시작했다.

내 마음이 다급해졌다. 만찬장 입구에서 서성이는 중에 아베 총리와 펜스 부통령이 나타났다. 그때라도 만찬장으로 들어올 줄 알았는데, 둘은 엉뚱하게도 방향을 틀어 다른 방으로 들어가는 게 아닌가.

그들을 따라가 보았다. 둘은 그 방에서 사진을 찍으며 시간을 흘려보냈다. 문재인 대통령이 그 방으로 들어와 두 사람에게 만찬장으로 가자고 권유했다. 그제야 아베 총리와 펜스 부통령은 마지못한 듯 만찬장으로 들어갔다. 이미 40여 분 정도가 흐른 뒤였다.

2018년 2월 9일, 문재인 대통령과 아베 일본 총리의 정상회담.
아베 총리는 일본의 재무장과 군비 증강을 일관되게 추진한 인물이다.

하지만 펜스 부통령은 헤드테이블의 지정된 자리에 앉지 않고 몇몇 다른 나라의 정상과 선 채로 악수하고는 5분여 만에 빠져나갔다. 아베 총리는 김영남 상임위원장과 잠시 헤드테이블에 앉았으나 눈길도 마주치지 않으려고 했다.

일본은 한반도 평화를 바라지 않는 것인가. 그리고 그 이유는 무엇일까. 여러 가지를 생각하게 만드는 장면이었다.

그런 의문은 석 달 뒤 어느 정도 풀렸다. 2018년 5월 9일, 일본 총리 공관에서 한일 정상회담이 열렸다. 일본 쪽은 '문재인 대통령 취임 1주년을 축하드립니다'라는 카드가 꽂힌 딸기 케이크도 준비하는 등 화기애애하게 시작되었다.

하지만 여전히 두 정상의 의견 차이는 좁혀지지 않았다. 아베 총리의 말 중에서 확 귀에 들어오는 말이 있었다.

"한반도 평화 체제가 구축되면 한국에 있는 유엔군 사령부가 폐지되는 거 아닙니까? 주한 미군의 역할, 그리고 동아시아의 미군 존재에도 영향을 미칠 것입니다."

아베 총리는 일본의 재무장과 군비 증강을 일관되게 추진한 인물이다. 중국은 당연히 이를 동아시아의 군사적 긴장을 악화시키는 행동이라 비판하고 나섰다. 한국도 일본의 군국주의 망령이 부활하려는 전조 증상이라며 비판에 가세하는 중이었다.

아베 총리로서는 한반도에 부는 평화의 훈풍이 군사 대국을 향한 자신의 구상에 방해가 된다고 보았다. 그래서 기를 쓰고 남북과 북미 사이의 평화협상 진전에 찬물을 끼얹었던 것이다.

아베 총리는 퇴임 후 2022년 7월 암살당했지만, 한반도 평화 정착에 반대하는 그의 염원은 사후에 이어지고 있다. 그의 뜻은 지금 한국의 윤석열 정부를 통해 드디어 실현되려는 듯하다. 미국을 중심으로 하는 한미일 삼각동맹은 아베가 오래도록 꿈꾸던 것이다.

여담이지만, 청와대 대변인을 하면서 가장 안타까웠던 건 정상회담 동안의 식사와 만찬이었다. 그런 자리에서는 응당 그 나라의 최고 음식이 선보인다. 그러나 대변인은 젯밥에 신경 쓸 처지가 못 된다. 정상의 대화 내용을 적느라 오른손을 바쁘게 움직여야 하기 때문이다. 그래도 일부 국가의 음식은 왼손으로 포크를 사용할 수 있어서 눈치 봐가며 먹을 수 있다.

그러나 최악의 상황은 일본에서 열린 한일 정상회담이었다. 일본 음식은 젓가락을 사용하니 왼손으로는 도저히 어떻게 해볼 도리가 없다. 점잖은 자리에서 손으로 먹을 수도 없는 일 아닌가. 그래서 아베 총리의 공관에서는 점심을 먹지 못하고 쫄쫄 굶고 나왔다.

문재인 대통령도 그럴 경우가 많았다. 대통령은 받아적을 일은 없지만 온 정성을 다해 대화에 집중한다. 한마디라도 더 듣고 더 말하려고 식사를 건성으로 하는 경우가 많았다. 진수성찬에 손도 못 대고 밤늦게 숙소로 돌아와서 컵라면을 찾고는 했다.

진심의 사람, 문재인

문재인 대통령은 나에게 큰 산이다. 아니, 장대한 산맥이다. 그를 다 담아낼 수 있는 표현은 없다. 그래도 그를 표현하는 데 가장 가까운 단어라면 '진심'이 아닐까 싶다.

2018년 2월의 어느 날 아침, 문재인 대통령은 한국GM이 군산 공장을 폐쇄하기로 했다는 소식을 보고 받았다. 분위기가 어두웠다. 나는 군산 사람이니 마음이 무거운 게 당연했다. 그런데 대통령의 표정은 나보다 훨씬 어두운 게 아닌가.

한참 침묵이 흐른 뒤 대통령은 불쑥 이렇게 말했다.

"내일이라도 당장 군산에 내려갑시다."

"네?"

모두가 깜짝 놀랐다. 임종석 비서실장이 나섰다.

"안 됩니다. 대통령께서 직접 가시게 되면 군산 시민들은 무슨 해결책이나 선물을 들고 오는 줄 알고 기대할 터인데, 지금 아무것도 준비된 게 없습니다."

대통령은 고집을 피웠다.

"꼭 뭔가를 들고 가야 합니까? 빈손으로 가면 안 됩니까? 그냥 내려가서 군산 시민들을 뵙고 껴안아주면 안 됩니까?"

결국 그날 회의는 다른 '합리적 대안'을 찾는 걸로 마무리를 지었다. 군산 지역을 '산업위기대응특별지역'으로 지정한 것이다.

나는 그 내용을 기자들에게 브리핑하고 나오면서도 이런 의문이 들었다.

'대통령은 왜 그렇게 군산 문제에 감상적인 태도를 보였을까?'

그 뒤 대통령을 지켜보며 나름대로 찾아낸 이유는 두 가지다.

첫째로는, 후보 시절 현대중공업 군산조선소를 정상화하겠다고 약속했는데 못 지켰고, 거기에 더해 한국GM 군산공장마저 문을 닫는다고 하니 책임감이 마음을 짓누른 것이다. 둘째로는, 조선업계의 불황으로 자신의 고향 거제가 힘든 걸 누구보다 잘 아는 터라, 같은 처지인 군산이 남의 일로 여겨지지 않은 것이다.

그래서일까. 문재인 대통령은 재임 기간에 유독 군산을 많이 찾았는데, 중소 규모의 도시로는 이례적으로 네 번이나 방문했다.

문재인의 진심은 국내뿐만 아니라 해외에서도 우러나왔다.

대통령을 수행하여 아랍에미리트^{UAE}를 방문했다가 사막을 체험한 적이 있다. 대통령은 차를 타고 20분가량 달려가 사막 한복판에 섰다. 함께 간 아랍에미리트 장관이 설명했다.

"모래가 아주 뜨겁습니다. 하지만 우리 아랍인은 여길 맨발로 걷기도 합니다. 건강에 좋다고요."

장관은 그저 지나가는 말로 툭 던진 것인데, 문재인 대통령이 눈을 반짝이며 바로 이 말을 낚아챘다.

"아, 그래요? 그렇다면 저도 한번 해보죠."

대통령은 신발과 양말을 벗고 뜨거운 모래 위를 껑충껑충 뛰어다녔다.

"앗, 뜨거워. 아, 정말 뜨겁네요."

그렇게 소리를 지르면서도 대통령은 왼발과 오른발을 바꿔가며 호들갑스럽게 모래밭을 돌아다녔다. 그걸 지켜보고 있던 김정숙 여사가 만류했다.

"아휴, 발 데어요. 그만하세요."

대통령은 아랑곳하지 않았다. 아랍에미리트 장관은 허리가 꺾이도록 웃으며 박수를 쳐댔다.

평소에 과묵하고 매사에 진지한 문재인 대통령이다. 그가 이토록 개구쟁이 같은 모습을 연출한 이유는 무얼까. 나는 나름대로 짐작이 갔다.

'온통 사막인 나라, 그래서 자랑할 풍경이라곤 모래밭뿐인 나

라. 그런 나라가 국민에게 애정과 자긍심을 느낀다면 기꺼이 호응해주리라.'

이런 심정이지 않았을까.

문재인이라는 사람을 설명하려면, 노무현을 빼놓을 수 없다. 문재인 대통령은 가끔 참모들에게 '번개'를 쳐서 점심을 함께했다. 그런 뒤에는 꼭 청와대 경내를 한 바퀴 산책했다.

산책 코스는 거의 정해져 있어서 청와대를 둘러싼 돌담 안쪽을 끼고 돌았다. 그런데 어느 날인가는 돌담 밖으로 멀리 나간 적이 있다. 북악산으로 바로 올라가는 코스였다. 대통령은 주말에 청와대 경내를 산책하다 더 땀을 흘리고 싶으면 올라가는 코스라고 설명했다. 조금 올라가 보니 과연 쉴 수 있는 정자가 있고 주변이 잘 정돈된 공간이 나타났다.

"이 나무가 어떤 나무인지 압니까?"

대통령은 잘생긴 아름드리나무를 가리키며 물었다. 수형이 웅장하고 가지가 옆으로 쭉쭉 퍼진 게 주변을 압도하는 모양새였다. 곧장 대답이 나오지 않았고, 대통령이 설명했다.

"이건 김대중 대통령께서 심은 나무죠."

그러더니 '김대중 나무' 맞은편에 있는 나무를 가리켰다.

"그러면 이 나무는 아나요?"

그 나무는 앞의 나무와는 달리 몸통이 얄브스름하고 가지가 위쪽

'김대중 나무'(오른쪽)와 '노무현 나무'(왼쪽)

으로만 뻗어 올라가며 자라는 나무였다. 역시 대꾸하는 이가 없었고, 대통령의 설명이 이어졌다.

"김대중 대통령께서 심은 나무를 방해하지 않으려고 일부러 위로만 자라고 옆으로는 퍼지지 않는 나무를 골라 심은 겁니다. 노무현 대통령이요."

이 말을 하고 문재인 대통령은 한참 침묵을 지키다 이렇게 덧붙였다.

"노무현 대통령의 사람 됨됨이가 드러나는 나무죠."

문재인은 노무현 대통령의 사람 됨됨이를 말했으나, 나는 이 말이 문재인의 사람 됨됨이를 나타내는 말로도 들렸다.

문재인 대통령 퇴임은 우리 같은 옛 수하들에게 어쩌면 큰 선물이기도 했다. 청와대 재임 중에는 만나기가 어려웠지만, 퇴임 후 평산 마을로 내려간 뒤에는 마음만 먹으면 만날 수 있기 때문이다.

문재인 대통령과 함께 통도사를 병풍처럼 감싸고 있는 영축산 한 자락을 오른 적이 있다. 윤도한 전 국민소통수석비서관, 더불어민주당의 최강욱 의원과 함께했다. 우리는 헉헉대며 산을 오르다 너른 바위를 만나 겨우 숨을 고를 시간을 가졌다.

"대통령님께서는 히말라야도 다녀오셨으니 이 정도는 아무것도 아니시죠?"

우리 중 누군가의 물음에 대통령은 이렇게 답했다.

"아닙니다. 높은 산은 높은 산대로, 낮은 산은 낮은 산대로 다 힘이 듭니다. 산이 높으면 우리 몸이 미리 온 기운을 끌어올려 쓰고, 산이 낮으면 우리 몸이 아예 긴장을 풀어버립니다. 그래서 높낮이와 관계없이 몸이 힘든 건 다 마찬가지입니다."

우리 인생도 그런 것 같았다. 지위가 높으나 낮으나 일이 잘 풀릴 때나 꼬일 때나, 어렵고 힘든 건 매한가지인 듯싶다. 어려우면 어려운 대로, 쉬우면 쉬운 대로 흔들리지 않고 여여如如하게 살아가라는 뜻으로, 대통령의 말씀을 받아들였다. 이런 마음가짐은 지금의 시국을 헤쳐가는 우리의 자세에도 적용될 수 있을 것 같다. 올라갈 때도 내려갈 때도 있겠지만, 마음의 동요 없이 꾸준하게 전진하는 것 말이다.

대통령 말씀을 듣다보니, 그 내용과 수염을 기른 풍모가 참 잘 어울렸다. 처음에는 이발사가 수염을 다듬어줬는데, 이제는 자신이 배워서 직접 다 한다고 한다. 이발사도 그 솜씨에 놀랐다고, 대통령을 보좌하는 오종식 비서관이 귀띔해줬다. 그리고 이발사가 이런 말도 했다고 한다.

"처음에는 대통령님 머릿결이 아주 푸석푸석했습니다. 그런데 이제는 결도 고와지고 윤기가 나기 시작합니다."

영축산 산행. 문재인 대통령은 "높은 산은 높은 산대로, 낮은 산은 낮은 산대로 다 힘이 듭니다"라고 말했다.

대통령으로 재임하던 동안의 힘겨움이 머리카락에도 나타났던 거라고 짐작했다.

문재인 대통령의 뒤꿈치를 보며 산을 오르다 잠시 한눈을 팔면, 대통령은 저만치 바람처럼 가 있고는 했다. 대통령의 건강을 확인하고 지혜를 얻어 와서 뿌듯한 산행이었다. 앞으로도 오래오래 그렇게 문재인 대통령을 만날 수 있기를 소망한다.

조국을 생각한다

조국을 내가 언제 처음 만났을까. 정확한 때와 장소는 기억이 가물가물하다. 다만 그때의 장면과 분위기는 선명하게 떠오른다.

박근혜 정부 시절이던 2016년 초 무렵이다. 늦은 밤까지 조국과 나는 술잔을 기울였다. 처음엔 가벼운 대화로 시작되었다. 같은 82학번이었기에 동시대를 살아오면서 함께 지나온 풍경들로 얘기꽃을 피웠다.

그러다 정권 교체로 화제가 옮아갔다. 사뭇 분위기가 무거워졌다. 정권 교체가 얼마나 절박한 과제인지, 그리고 그것을 위해 무엇을 해야 하는지 진지한 토론이 이어졌다. 그리고 우리 둘은 각자 위치에서 최선을 다하기로 했다. 무슨 맹약이라도 하듯 잔을 부딪쳤다. 돌이켜 생각하면 내가 최순실 게이트에 온몸을 던져가며 취재에 나섰던 데는 이날의 약속도 작용하지 않았을까.

그런데 그날의 대화 중에 내가 괜한 말을 덧붙였다.

"정권 교체가 안 되면 어쩌죠?"

"그럼 뭐 세상과 등지고 전공 책이나 읽고 논문이나 써야죠."

조국은 심상하게 대답했고, 나는 공감했다.

"난 정치부 기자는 그만두고, 문화부로 가서 조용히 살고 싶네요."

조국이 말을 받았다.

"정약전이 흑산도로 귀양을 갔을 때, 왜 물고기만 연구하며 『자산어보』를 썼는지 이해가 갑니다."

이런 대화를 할 때는 몇 달 뒤에 벌어질 일을 전혀 예상하지 못했다. 최순실 게이트와 촛불혁명의 뜨거웠던 시간을. 그리고 마침내 문재인 대통령이 당선되며 정권 교체는 현실이 되었다.

조국은 전공 책이나 읽고 논문이나 쓰는 대신, 청와대 민정수석비서관으로서 새 정권의 한쪽 날개를 담당했다. 하지만 그 뒤 그에게 몰아닥친 시련을 볼 때마다, 나는 세상의 끝 흑산도로 귀양 간 정약전이 떠오르곤 했다.

조국도 그랬나 보다. 그는 2021년에 영화 「자산어보」가 개봉되자 영화관 가기가 편치 않았을 터인데도 직접 영화를 보러 갔다고 한다. 그리고 페이스북에 '정약전, 정약종, 정약용 삼 형제의 각자 다른 소신과 운명'이라고 짧은 감상을 적었다.

얼마 후 조국은 자기 이야기를 담은 『조국의 시간』을 냈다. 이어서

청와대에서 일하던 시절 조국과 함께.
그에게 몰아닥친 시련을 볼 때마다, 나는 세상의 끝 흑산도로 귀양 간
정약전이 떠오른다.

그는 『조국의 법고전 산책』, 『디케의 눈물』 등을 냈고, 앞으로도 더 써낼 것이다. 그가 멸문지화의 고통을 버텨내고 이겨내는 힘은 공부하고 책을 쓰는 것이다. 마치 정약전이 13년 동안의 유배 생활을 물고기와 함께 이겨낸 것처럼 말이다.

그의 딸 조민도 마찬가지다. 조민이 유튜브에 여행이나 쇼핑이나 맛집 순례 등의 영상을 올리는 건 역경을 이겨내는 그만의 방법일 것이다.

'너희가 아무리 우리 가족을 짓밟아도 나는 흔들리지 않는다. 밟으면 밟을수록 더 즐겁고 명랑하게 살 것이다.'

나는 이렇게 짐작해본다. 조민의 쾌활한 웃음은 검찰의 잔인함에 맞서는 그만의 방식이라고. 아버지가 묵묵히 읽고 쓰며 죽음의 계곡을 통과하고 있다면, 딸은 노래하고 춤추며 불의 지옥을 통과하고 있는 것이다.

조국의 가족을 다 함께 본 적이 있다. 2019년 5월, 청와대에 조국과 함께 근무할 때다. 어린이날을 맞아, 청와대 직원들은 누구나 가족과 청와대를 구경할 수 있었다. 나도 가족과 함께 청와대 경내를 둘러보다가 조국 가족과 마주쳤다.

정경심 교수는 내가 한겨레 시절에 쓴 칼럼을 즐겨 읽었다며 반갑게 인사했다. 우리는 사진도 찍고, 아이들끼리 인사도 시켰다. 그때 잘생긴 조민과 조원을 보며 '유전자의 힘이 정말 무섭구나'라고 부러워했던 기억이 난다.

꽃이 피고, 새들이 명랑하게 지저귀는 계절이었다. 문재인 대통령과 김정은 국무위원장이 4·27 정상회담을 막 마친 뒤여서 다들 가슴 부풀어 있을 때였다. 그 시절을 두고 조국은 나중에 "내 인생의 화양연화였다"라고 회상했다. 그때 본 조국 가족의 화사한 모습이 1년여 뒤 그토록 지독하고 처참하게 구겨질 줄은 꿈에도 생각하지 못했다.

조국 가족이 검찰에 의해 한창 '사냥'을 당하고 있을 때다. 나는 검찰의 한 고위 간부를 만나 '조국 사태'가 일어난 까닭을 물어본 적이 있다. 그는 말했다.

"오랫동안 준비한 수사죠."

오랫동안 준비했다니. 그들은 언제든 필요할 때 써먹기 위해 그 야비하고 더러운 기획을 미리부터 진행하고 있었단 말인가.

지금 사람들은 조국 가족이 검찰 수사를 받게 된 까닭이 '입시 비리' 때문이라고들 알고 있다. 하지만 사실은 '사모펀드'가 애초의 명분이었다.

박상기 당시 법무부 장관은 뉴스타파 인터뷰(2020년 7월 2일)에서 증언했다. 2019년 8월, 검찰의 전격적인 압수수색 당일에 윤석열 검찰총장은 "사모펀드는 사기꾼들이 하는 것"이라며 조국의 법무부 장관 임명을 반대했다는 것이다. 당시 검찰이 조국 전 장관 관련 수사를 권력형 비리나 기업 수사 등을 담당하는 서울중앙지검 특수2부에 재배당한 것도 같은 맥락으로 볼 수 있다.

당시 언론 보도 역시 '조국 펀드'라는 용어를 쓰며 사모펀드 의혹을 집중적으로 제기했다. 정경심 교수가 사모펀드 운영회사의 실질적 소유주라는 의혹, 펀드가 투자한 업체가 관급 공사를 수주하는 과정에 조국이 영향력을 행사했을 것이라는 의혹, 심지어 그 펀드가 '조국의 대선자금 마련용'이라는 의혹까지 다뤘다.

검찰도 압수수색을 남발하며 그들이 언론에 흘렸을 그 의혹들을 파고들었다. 그런데 결론적으로 그 수사는 '꽝'이었다. 검찰은 소리만 요란하게 빈 깡통을 차대며 야단법석을 떤 것이다.

내가 만난 검찰 간부에 따르면, 사모펀드와 관련된 검찰의 수사 자료가 수백여 페이지에 달한다. 꽤 오랫동안 내사를 통해 자료를 수집하고 분석해서 당시 검찰총장 윤석열에게 보고된 것이다.

조국을 겨냥한 사모펀드 수사 자료가 언제부터 만들어지기 시작했는지는 검찰 간부도 모른다고 했다. 어쩌면 윤석열이 서울중앙지검장 시절부터 조국 법무부 장관을 막아내기 위해 사모펀드 자료를 만들었는지 모른다. 그렇다면 2019년 조국 가족이 청와대 경내에서 꽃구경할 때도, 그 모습이 사냥꾼의 조준경에 포착되고 있었던 것인가.

조국 사태에 대해서는 여전히 논란이 끝나지 않고 있다. 어느 쪽도 승복하거나 물러서지 않고 있다. 윤석열 정부가 존속하는 동안엔 끝나지 않을 것이다. 그러나 윤석열 정부가 끝나면, 새로운 정부에서 이

사건을 전면적으로 재조사하여 공정하게 재평가해야 한다고 생각한다. 그런 날이 올 것을 믿으며, 나는 늘 조국을 생각한다.

새벽을 여는 630 브리핑

기자 생활 27년을 하는 동안 청와대 대변인을 여러 명 겪어봤다. 내가 청와대 대변인을 맡게 되자 과거 그들의 모습이 주마등처럼 떠올랐다.

청와대 대변인은 크게 두 유형으로 나뉜다. 대부분의 청와대 대변인은 출입 기자들에게 밥도 잘 사고, 술도 잘 샀다. 친근하게 다가서는 유형이 많았다. 그러다 어떤 결정적인 국면에 이르면 기자들에게 "좀 봐줘!" 하며 그동안의 술값과 밥값의 청구서를 내미는 것이다. 다른 경우는 친근감은 좀 떨어져도 출입처의 속내를 잘 알아서 기자들이 취재를 나서면 깊이 있고 정확하게 정보를 주는 유형이었다.

나는 성격적으로 전자의 길은 포기하고 후자의 유형이 되어 누구보다 잘해보리라 마음먹었다. 그래서 출입 기자들과 첫 대면 때 이런 약속을 했다.

"제가 여러분의 '말진 기자'가 되어보겠습니다. 청와대 내부를 열심히 취재하고 잘 알려드리겠습니다."

이 말을 청와대를 떠날 때까지 지키려고 나름대로 노력했다. 나는 청와대 수석들과 수십여 비서관들의 사무실을 돌면서 현안이 뭔지 파악하였고, 앞으로 관심이 집중될 만한 사안에 대해 미리 점검했다.

그러다보니 '내가 아직 기자구나' 하는 느낌이 들 때가 많았다. 기자 시절 출입처를 이 방 저 방 기웃거리며 기삿거리를 찾아 돌아다니던 모습과 흡사했기 때문이다.

또 아침 일찍 걸려오는 기자들의 전화에 응답하려면 새벽부터 일어나야 했다. 새벽 4시에 깨어나 조간신문부터 외신까지 두루 점검하고, 중요한 사안에 대해서는 6시부터 담당 비서관에게 전화를 걸어 신문과 방송에 나온 뉴스의 자초지종을 묻는 게 일상이 되었다. 그렇게 한숨을 돌리고 나서야 나는 청와대 구내식당에서 아침을 먹었다. 그게 보통 8시였다.

가장 해결하기 어려운 문제는 새벽부터 소나기처럼 걸려오는 전화를 혼자서는 다 받아 대응할 수 없다는 점이었다. 게다가 한결같이 똑같은 질문이었다. 그러다보니 본의 아니게 사람을 차별하게 되었다. 아니, 사람을 차별한다기보다는 이른바 메이저 언론사 전화는 잘 받게 되고, 작은 언론사 전화에는 소홀했다. 또 연차가 있는 기자 전화는 잘 받고, 젊은 기자들의 전화는 지나치곤 했다.

나는 기자들이 취재를 나서면 깊이 있고 정확하게 정보를 주는 대변인이 되고 싶었다.

한겨레의 기자 시절, 나도 그런 차별을 받은 적이 많다. 모든 기자를 공평하게 대할 방법이 없을까 고민했다. 대변인실 직원들과 상의해보니, 한꺼번에 수십 명과 통화할 수 있는 다중통화 장치가 있다고 했다. 그래서 관련 업체로부터 견적서를 받아봤다.

그러나 그런 장치는 비용도 만만치 않았고, 설치하고 운영하기가 너무 번거로웠다. 얼마나 효율적일지에 대해서도 자신이 없었다. 팀즈^{Teams}나 줌^{Zoom} 같은 비디오 커뮤니케이션 프로그램을 그때 알았더라면 참 좋았을 터였다. 그랬다면 수십여 명의 기자들에게 일정한 시간대에 모두 들어오도록 하여 질문을 받고 답변할 수 있었을 것이다.

그래서 짜내고 짜낸 아이디어가 새벽 브리핑이었다. 나는 기자들에게 알렸다. 아침 6시 30분에 대변인이 춘추관으로 갈 테니, 누구든 그 시간에 와서 질문을 하라고. 그래서 청와대 춘추관은 아침 6시 30분부터 분주해졌다.

기자들은 잠이 덜 깬 듯한 모습으로 하품을 해대며 노트북을 열고 대변인의 말을 받아쳤다. 그것은 마치 새벽 시장에서 경매하는 풍경 같았다. 기자들은 이를 가리켜 '육삼공^{630} 브리핑'이라고 불렀다.

지금도 나는 이런 시스템이 괜찮았다고 생각한다. 나로서는 한꺼번에 효율적으로 기자들의 질문에 대응할 수 있어서 좋았다. 기자들도 공평하게 질문하고 답변을 받을 수 있으니 불만이 줄어들었다.

다만 기자들로서는 이른 새벽부터 춘추관까지 나와야만 하는 고

충이 있었다. 청와대도 민감한 사안이 닥쳤을 때 청와대와 관련된 기사가 너무 많이 나가는 것을 부담스러워했다. 실제로 이 점에 대해 청와대 내부에서 문제가 제기되었다.

결국 청와대 내부에서부터 630 브리핑을 중단해달라는 말이 나왔다. 나는 고집을 피우며 더 이어갔지만, 결국 그만두었다. 아무튼 그때 나는 가장 부지런하고 뜨거운 새벽을 보냈다.

청와대 대변인을 하면서 가장 아쉬웠던 건 대통령에게 직접 묻고 답을 듣는 게 쉽지 않았다는 점이다. 내가 대변인으로 임명되어 처음 대면하는 자리에서 대통령은 언제든 그러라고 했지만, 청와대에서 일해보니 그게 마음처럼 쉽지 않았다. 국정에 몸과 마음을 혹사하는 대통령을 번거롭게 하는 일이라 선뜻 그러질 못했다.

다시 그때로 돌아간다면 요령껏 할 수 있을 것도 같다. 아니, 내가 좀 더 대변인으로 일했다면 그럴 수 있는 순간이 더 있었을지 모른다.

보수 언론과의 싸움

대변인을 맡길 때 청와대에서는 나에 대한 세평도 두루 들었던 모양이다. 당연한 일이라고 생각한다. 청와대에 들어온 지 꽤 지났을 때, 누군가 내게 이런 말을 전해주었다.

"그때 세평 중에 이런 점이 주목되었어요. 김의겸 기자는 전형적인 한겨레 기자의 특성을 지니고 있으나, 현장 기자 시절 이른바 '조중동' 기자들과도 좋은 관계를 유지했다고요. 그러니 청와대 대변인으로 들어가면 그런 인간관계가 도움이 될 것이 아니겠느냐 하는 것이었죠."

실제로 그런 면이 있었다. 검찰 출입 기자 시절, 나는 기자단의 간사를 했다. 메이저 언론인 조중동의 기자들이 인정해주지 않으면 불가능한 일이었다. 우리나라 중견 언론인들의 모임이자 대표 언론단체 중 하나인 관훈클럽 임원도 지냈고, 법조 언론인 클럽 임원도 지냈다.

그러나 이런 둥글둥글한 인간관계는 청와대 대변인을 맡으면서 여지없이 깨지고 말았다. 가장 대표적인 사건이 조선일보의 오보에 대한 대응이었다.

당시는 2018년 4.27 판문점 남북 정상회담이 끝나고, 6월 12일 싱가포르 북미 정상회담을 앞둔 때였다. 어렵게 가꾸어온 외교적 노력이 결실을 맺느냐 그러지 못하느냐의 기로 앞에 선 중대한 시점이었다.

그러나 조선일보와 그 계열사인 TV조선은 연일 한반도 평화에 흠집을 내려는 기사를 쏟아냈다. 또한 미국의 매파 쪽에서는 조선일보 기사를 근거로 문재인 정부를 의심하고 추궁하고 제동을 걸려는 움직임이 본격화되었다.

다들 어떻게 해야 할지 속으로 끙끙 앓고 있던 시점에, 나는 이에 대해 분명하게 못을 박아야 한다고 판단했다. 그래서 5월 29일에 논평을 냈다. 다소 길지만 그대로 인용을 해본다.

조선일보 및 TV조선 보도 관련 대변인 논평

※ 대단히 엄중한 시절입니다. 기사 한 꼭지가 미치는 파장이 큽니다.

최근의 남·북·미 상황과 관련해서는 앞으로도 단호하게 대처할 수 밖에 없음을 알려드립니다. 양해를 구합니다. 우리는 지금 하늘이 내려 준 기회를 맞고 있습니다. 분단의 아픔과 전쟁의 공포를 벗어 던질 수 있는 호기입니다. 하지만 바람 앞의 등불처럼 아슬아슬한 것도 사실입 니다. 일부 언론 보도가 그 위태로움을 키우고 있습니다. 특히 최근 조 선일보와 TV조선의 보도가 심각합니다.

「한미 정상회담 끝난 날, 국정원 팀이 평양으로 달려갔다」(조선일보, 5월 28일)

「풍계리 갱도 폭파 안해... 연막탄 피운 흔적 발견」(TV조선, 5월 24일)

「북, 미 언론에 '풍계리 폭파' 취재비 1만 달러 요구」(TV조선, 5월 19일)

사실이 아닐 뿐만 아니라 비수 같은 위험성을 품고 있는 기사들입니 다. 평소처럼 우리 내부만의 문제라면 굳이 들추지 않아도 됩니다. 하지 만 남·북·미가 각자의 핵심적 이익을 걸어놓고 담판을 벌이는 시점입 니다. 말 한마디로 빚어진 오해와 불신이 커질 수 있습니다. 국정원 2차 장이 몰래 평양을 방문했다는 기사를 그대로 믿게 된다면 미국을 비롯 한 주변국들은 우리 정부의 말을 계속 신뢰할 수 있을까요? 문재인 대 통령은 여전히 정직한 중재자일 수 있을까요?

TV조선의 보도대로라면 북한은 상종하지 못할 존재입니다. 전 세계를 상대로 사기극을 벌이고 거액을 뜯어내는 나라가 돼버리고 마는 겁니다. 만약 북한이 아닌 다른 나라를 이런 방식으로 묘사했다면 당장 법적 외교적 문제에 휘말렸을 겁니다. 그리고 이런 보도는 한 차례에 그치지 않고 후속 오보를 낳기 마련입니다. 여의도의 정쟁은 격화되고 국민들 사이에 파인 골은 더 깊어집니다.

정부를 비판하고 견제하는 것은 언론 본연의 자세입니다. 남북 문제나 외교 관계도 예외는 아닐 것입니다. 하지만 최소한의 사실 확인이 전제되어야 합니다. 국익과 관련한 일이라면, 더구나 국익을 해칠 위험이 있다면 한 번이라도 더 점검하는 게 의무라고 생각합니다. 연예인 스캔들 기사에도 적용되는 크로스 체크가 왜 이토록 중차대한 일에는 적용되지 않는 겁니까?

우리 언론에게 북한은 '사실 보도'라는 기본 원칙이 매우 자주, 그리고 아주 오랫동안 지켜지지 않던 보도 영역이었습니다. 정보의 특수성 때문에 오보로 확인되기까지 오랜 시간이 걸리는 데다 거짓임이 드러나더라도 북한이 법적 조처를 취할 수 없었기 때문입니다. 특종이라는 유혹 앞에 언론인의 책임감이 무릎을 꿇는 경우가 너무도 잦았습니다. 이제 이런 보도 행태는 바뀌어야 합니다. 한반도를 둘러싼 현실이 엄중해질수록 그 필요성도 커가고 있습니다.

조선일보는 2014년 새해 첫날부터 '통일은 미래다'라는 대형 기획 기사를 내보냈습니다. 그때 조선일보가 말한 '미래'와 지금 우리 앞에 성큼 다가와 있는 '미래'가 어떻게 다른지 도저히 모르겠습니다. 70년 만에 맞는 기회. 이번에 놓치면 다시 70년을 더 기다려야 할지 모릅니다. 이제 그만 잡고 있는 발목을 놓아주시기 바랍니다. 어렵게 어렵게 떼고 있는 걸음이 무겁습니다.

2018년 5월 29일
청와대 대변인 김의겸

대변인 논평이 나간 다음 날인 5월 30일, 문재인 대통령은 나를 보고 환하게 웃으며 이렇게 말했다.

"그 논평, 아주 야무지게 썼습디다."

좀체 질책도 칭찬도 하지 않는 대통령의 용인술을 감안하면 최고의 칭찬을 받은 셈이다.

중앙일보의 오보에 대해서도 강하게 대응했다. 중앙일보는 2018년 4월 4일의 1면과 안쪽 한 면을 통째로 써서 문재인 정부의 외교정책을 비판하는 기사를 내보냈다.

「'문 코드' 압박에 외교안보 박사들 짐싼다」
「대북 정책 비판 목소리 막나… 문재인 정부판 '블랙리스트'?」

이런 제목으로 쓴 두 개의 기사는 "문재인 정부의 대북 및 외교안보 정책에 비판적 성향을 보였다는 이유로" 북한 및 안보 관련 연구기관과 연구자에게 압박과 간섭이 심했다며 사례까지 들고 있었다. 그리고 북한에 비판적인 입장이나 의견에 대한 검열성 조치와 배제가 있었다며, 이를 "사실상 문재인 정부판 블랙리스트"이자 "또 다른 적폐"로 규정했다.

나는 즉각 청와대 실무진과 외교부·통일부·국방부 등 관련 부처의 실무진을 총동원해 사실 관계를 정리하도록 지시했다. 중앙일보에서 거론한 7가지 사실 관계를 하나하나 따져 팩트체크한 뒤, 그 내용을 두툼한 참고자료로 언론에 배포했다. 그리고 이런 논평도 함께 냈다.

중앙일보는 오늘 아침 자에 「'문 코드' 압박에 외교안보 박사들 짐 싼다」는 내용의 보도를 내보냈습니다. 사실관계를 심각하게 뒤틀어 쓴 기사입니다. 근거가 없고 이치에도 맞지 않는 것을 억지로 끌어다 기사를 구성했습니다.

특히 '문재인 정부판 블랙리스트'라고 표현한 것은 그냥 넘어갈 수 없는 사안입니다. 박근혜 정부의 적폐가 문재인 정부에서도 되풀이되는 것처럼 모욕적인 딱지를 붙였습니다.

중앙일보는 해당 보도의 잘못을 바로잡아주십시오. 그렇지 않을 경우 법적인 절차를 밟아나갈 수밖에 없음을 밝힙니다.

이에 대한 중앙일보의 반응은 즉각적이었다. 다음 날 바로 사실상 자신들의 잘못을 인정하는 방향의 기사를 통단으로 실었다. 「'문 코드에 짐싸는 박사들'… 청와대 "블랙리스트 딱지는 모욕"」이라는 제목의 기사였다. 전날 기사에서 자신들이 거론했던 내용 중 5가지 사항에 대해 청와대의 해명을 상당 부분 수용하여 담고 있었다. 콧대 높은 메이저 언론으로서는 이례적인 조처였다. 그리고 중앙일보 쪽에서 연락이 왔다.

"우리 기사 보셨죠? 정정 보도나 다름없는 반론 보도입니다. 사실관계를 다 고쳤습니다. 우리 쪽에서는 더 이상 후속보도를 내지 않겠습니다. 그러니 청와대도 각을 깎아주었으면 좋겠습니다."

그런데 이런 싸움을 하다 보면 대가를 치르게 마련이다. 나는 조중동, 특히 조선일보에게 단단히 미움을 사게 된다. 아는 사람에게 이야기를 전해 들으니, 내가 춘추관에서 마이크를 잡고 조선일보를 비판할 때마다 그곳 편집국은 부글부글 끓었다고 한다. 그런 분위기를 전달해준 사람은 이런 충고를 덧붙였다.

"그러니 좀 살살해. 조선일보가 칼을 갈고 있다고."

그러나 나는 옳고 그름의 문제에는 타협하고 싶지 않았다.

언젠가 김수현 청와대 정책실장이 이런 말을 한 적이 있다.

"우리 공직자들이 입는 흰 와이셔츠에는 언제든지 목을 치라는 의미가 담겨 있습니다. 언제든 목이 떨어질 수 있으니 항상 목을 깨끗이 하고, 그에 걸맞게 흰 셔츠를 입는 것이죠. 우리의 흰 셔츠는 일종의 수의인 셈입니다."

나는 목이 떨어져도 해야 할 일을 하겠다는 생각이었다. 나라도 싸워야 조중동이 조심할 테고, 그게 내가 해야 할 몫이라고 생각했다. '그러다 후유증이 생기면 언제든지 대통령이 목을 치겠지' 하는 게 내 각오였다.

나의 비타협적인 대언론 투쟁에 대해 청와대 안에서도 이견이 많았다. '언론하고 잘 지내라고 대변인을 시켜놓으니 언론과 싸우기만 한다'거나, '그렇게 싸운다고 뭐 달라지나, 입만 아프지' 같은 반응을 들었다. 그러나 나는 나올 때까지 타협하지 않았다.

그 후유증은 내가 생각지도 못했던 엉뚱한 곳에서 터져 나왔다. 조선일보가 첫 보도를 내보낸, 나에 관한 '흑석동 투기' 의혹 기사였다.

7장

정치라는 새 길로

도전과 좌절, 그리고 행운

청와대 들어갈 때는 나름대로 마음의 준비를 단단히 했지만, 나올 때는 갑자기 벼랑에서 떨어진 기분이었다. 그렇게밖에는 달리 표현할 길이 없다.

2019년 초, 공직자 재산 공개가 되자 내가 매입한 흑석동 집이 투기라는 비판이 일었다. 조선일보를 시작으로 언론에게 집중포화를 받았고, 나는 즉각 대변인직 사퇴 의사를 밝혔다.

문재인 대통령은 사퇴를 말리며 대변인만 내려놓고 청와대에서 다른 보직을 맡는 방법도 있다고 했다. 대통령은 점심을 먹으며 얘기하자고 했지만, 나는 청와대와 정부에 부담을 주거나 걸림돌이 되고 싶지 않았다. 대통령을 대하면 또 마음이 흔들릴 것 같았다. 그래서 대통령과 점심을 하기 전에 미리 언론에 사퇴 의사를 공개했다. 기사가 난 다음 날이었다.

사실 나로서는 억울했고, 할 말도 많았다. 손가락으로 꼽아보니 결혼 뒤 열두 번의 이사를 했다. 그때가 결혼한 지 25년이 되었으니, 2년에 한 번꼴로 이사한 셈이었다. 그러다 처음으로 큰맘 먹고 무리해서 산 집이었다.

이사가 잦다보니 아내가 결혼 때 가져온 장롱은 문짝이 맞지 않고 곳곳이 너덜너덜해져 있었다. 이삿짐을 운반할 때면 일하는 사람들에게서 '버리는 물건 아니냐'는 말을 듣곤 했다. 평생을 세 들어 산 내가 어쩌다 투기꾼 소리를 듣게 되었나. 씁쓸하기 그지없었다.

청와대를 나온 뒤, 서울의 관악구 봉천동으로 이사를 했다. 마음의 불길을 꺼보려고 날마다 관악산 여기저기를 무작정 돌아다녔다. 아침에 배낭에 도시락을 넣고 집을 나서 종일 산을 타다가 저녁 무렵에 돌아오고는 했다. 그렇게 몸을 혹사해서라도 울화를 가라앉히고 싶었다. 하지만 끝내 수그러지지 않고 고개를 드는 마음이 있었다.

'언제까지 이런 시간을 보낼 수 있을까. 다시금 새 길을 찾아야 하나. 어디로, 무엇을 하기 위해? 아니, 큰 결심을 하고 공직과 정치에 발을 내디뎠는데 여기서 중단할 수야 없지 않은가. 그리고 실추된 명예를 되찾아야 하지 않겠나.'

이런저런 고심을 거듭했다. 결국 어떤 논란과 비판에도 앞을 보고 걸어가야겠다고 마음먹었다. 나는 흑석동 집을 팔고 시세 차익은 사회에 기부하겠다고 공개적으로 선언했다. 본격적인 정치의 길로 나아

2019년 12월 19일 군산시청에서 총선 출마를 선언했다. 군산 시민들은 나를 따뜻하게 받아주었지만 출마는 결국 좌절되었다.

가겠다고 밝힌 셈이었다.

구매자가 곧바로 나타나서 집을 팔았다. 애초의 매입가를 넘는 3억 7천만 원의 차익은 모두 한국장학재단에 기부했다. 각종 세금과 금융 비용, 중개수수료 등 각종 증빙자료를 더불어민주당에 제출했고, 당도 모두 인정했다. 1만 원이라도 더 냈으면 냈지, 덜 내지 않았다. 부동산 구입 과정에서 제기된 구설수를 당장에 털어낼 순 없었지만, 그건 내가 감당해야 할 일이었다. 결국 2년 후 검찰에서 최종 무혐의를 받았다.

2019년 12월 19일에 나는 고향의 군산시청에서 기자회견을 열고 총선 출마를 선언했다. 이어 본격적으로 선거 운동에 돌입했다. 지역구 여론조사 결과가 발표되었다. 경쟁자들보다 10퍼센트가량 앞서고 있었다. 군산 시민들은 그래도 나를 따뜻하게 받아준 것이다. 민주당 경선이라는 링 위에 올라가면 이길 수 있다는 자신감이 들었다.

그런데 민주당이 나를 예비후보로 받아주지 않았다. 예비후보가 되어야 경선이라는 링에 올라갈 텐데 자꾸만 결정을 미루는 것이다. 민주당의 지역구 경쟁자인 신영대 후보는 파란 점퍼를 입고 명함을 돌리며 대로에서 아침저녁으로 인사를 했다. 하지만 내가 할 수 있는 것은 아무것도 없었다.

명함을 몇 장 돌리다가 선관위로부터 경고만 받았다. 사무실은 마련했는데 현수막을 내걸 수 없어 '조방낙지'라는 이전의 음식점 간판을 그대로 달고 있을 수밖에 없었다. 곧 입을 줄 알고 맞춰놓은 파란 점퍼가 박스 안에 처박힌 채 시간만 지나갔다.

나는 민주당의 이해찬 대표에게 경선에 관하여 공개적인 편지를 썼다. 경선에 참여만 시켜준다면, 10~20퍼센트인 신인 가산점을 포기하겠다고 밝혔다. 그러나 소용이 없었다.

끝내 나는 「출마하지 않겠습니다」라는 입장문을 발표했다. 2020년 2월 3일이었다. 출마 선언을 한 지 50일도 안 된 시점이었다.

문재인 정부의 성공과 군산 경제 발전을 위해 일해보고 싶었습니다. 쓰임새를 인정받고자 제 나름 할 수 있는 일을 다 해보았습니다. 때론 몸부림도 쳐봤습니다.

하지만 이제는 멈춰설 시간이 된 듯합니다. 총선에 출마하지 않겠습니다.

그동안 저를 지지해주신 군산 시민 여러분, 대단히 죄송합니다. 그리고 한없이 고맙습니다. 은혜 잊지 않겠습니다.

민주당이 총선에서 압승해 문재인 정부를 든든하게 뒷받침해주기를 간절히 기원합니다.

2020년 2월 3일 김의겸 올림

그렇게 내 몸부림은 '무모한 도전'으로 판정이 나고 말았다. 나는 다시 배낭을 메고 관악산으로 향했다. 일부러 길 없는 길을 찾아다녔다. 말 그대로 길을 찾지 못하는 날들이었다.

그런데 3월의 어느 날, 손혜원 의원에게서 전화가 왔다. 비례정당인 열린민주당을 창당했으니 비례대표 후보자로 등록하라는 요청이었다. 생각지도 않은 일이었기에 처음에는 진지하게 생각하지 않았다. 그런데 몇 번 더 전화가 걸려 오더니 나와 청와대에서 함께 일했던 최강욱도 등록한다는 것이다.

'현직 청와대 비서관인 최강욱이 열린민주당 후보로 나온다고?'

놀라운 일이었다. 최강욱에게 전화를 걸었다. 분명하게 알아야만 했다. 최강욱의 대답은 나의 다음 질문까지 미리 확인해주는 것과 같았다.

"문재인 대통령의 허락도 받은 일입니다."

내가 열린민주당으로 간다면 무엇보다 마음에 걸린 게 문재인 대통령이었다. 그런데 최강욱의 열린민주당 출마를 허락했다니. 최강욱이 출마한다면 나도 부담을 덜 수 있었다.

마감 시한 한 시간여를 앞두고 여의도에 있는 열린민주당 사무실을 찾았다. 그리고 곧바로 열린민주당의 선거인단 투표를 통해 나는 비례대표 4번을 받았다. 1번 김진애, 2번 최강욱, 3번 강민정의 다음 순번이었다.

비례대표 후보가 결정되고 나니 선거운동을 할 수 있는 기간은 20여 일 남짓이었다. 선거운동 초반에 열린민주당을 향한 지지와 성원은 놀라웠다. 10번까지는 당선이 되리라는 여론조사 결과가 쏟아졌다. 그러나 이내 지지율이 조금씩 떨어졌고, 선거일에 뚜껑을 열어보니 3번까지만 당선이었다. 바로 내 앞에서 잘린 것이다.

나는 또 한 번의 고배를 마셔야 했다. 2020년 4월 총선에서 두 번이나 떨어진 셈이었다. 그걸로 모든 게 끝이 났다는 마음이 들었다. 새로운 길을 찾아야 했다.

열린민주당 후보 공약 발표

총선 이후 남은 시간을 기약 없이 보내야 할 참이었다. 내가 그리 좋아하는 말은 아니었지만, 당시 내 처지가 '야인'이 아니면 달리 무엇일까. 그런 시간을 보내는 중에 다행히 전라북도 익산에 있는 원광대학교에서 강의를 할 수 있는 기회가 생겼다.

2021년 새 학기부터 강의를 시작하기로 결정되어 준비할 게 많았다. 현장 경력이야 누구 못지않다고 생각했지만, 경험을 이론적으로 정리하여 체계적으로 가르치기 위해서는 할 일이 적지 않았다. 강의는 3월 2일부터 시작이었다.

그런데 그 이틀 전에 김진애 의원에게서 걸려온 전화를 받았다.

"제가 이번에 서울시장 보궐 선거에 도전해요. 의원직을 내려놓고 나설 겁니다. 그러니 의원직 승계를 준비하세요."

"네?"

처음에는 정말이지 무슨 말인가 싶었다. 정치부 기자 생활을 꽤 했는데, 이런 경우는 전무후무했다. 21대 국회가 개원한 지 9개월가량밖에 되지 않은 시점이었다.

그 인연으로 나는 김진애 의원의 서울시장 출마를 도왔다. 그때 내가 김 의원에 대해 페이스북에 남긴 글 한 토막이다.

> 대범하고 시원시원한 사람을 일컬어 '통이 크다'고 한다. 하지만 아무리 통이 크더라도 '크다'라고 측정되는 순간, 통의 부피에는 한계가

주어진다. 그래서 헤아릴 수 없고 끝도 없이 넓을 때 우리는 다른 표현을 쓴다. '무량무변無量無邊.'

요즘 김진애 열린민주당 의원을 돕고 있다. 아니 그저 구경하고 있다. 의원직을 내던진 것도 실감이 나지 않는데, 박영선 더불어민주당 후보와 단일화 협상 과정을 지켜보면서 나는 아직도 김진애라는 통의 테두리를 만져보지 못하고 있다.

김진애 의원의 인상에 대한 나의 솔직한 소감이다. 아무튼 2년여의 시간은 패배와 좌절의 연속이었지만, 나에게는 이런 행운도 찾아왔다. 이 행운은 내가 쌓아 얻은 게 아니라, 김진애 의원이 나에게 준 선물이었다.

나는 2021년 3월 25일 의원직을 승계했고, 그 직후에 가진 언론 인터뷰에서 이렇게 말했다.

> 나는 달리기를 하다 돌부리에 걸려 넘어진 아이에 비유할 수 있다. 국민 여러분께서 저를 다시 일으켜 세워주시면서 흙먼지도 털어주고 등을 토닥거리며 '다시 한 번 뛰어보라'고 격려해줬다고 생각한다. 금쪽같은 기회를 허투루 쓰지 않겠다.

그의 면접 기록

국회에 들어와서 보니 대통령 선거가 채 1년도 남아 있지 않았다. 제1야당인 국민의힘에서 가장 유력한 후보는 전 검찰총장 윤석열이었다. 나는 개인적으로 검사 시절의 윤석열과 두 차례 술자리를 가져 본 인연이 있었다.

첫 만남은 2016년 11월이었다. 박근혜 특검이 꾸려지기 직전이다. 검사 윤석열로부터 저녁 식사를 하자고 제안이 왔다. 그때까지는 얼굴 한 번 본 적 없는 사이였지만, 익히 알려진 사람이기에 기자로서 마다할 이유는 없었다. 약속을 잡았다. 마포의 어느 중국집이었다.

그런데 그날 박근혜-최순실 게이트 취재로 정신없이 보내다 보니 약속 시간에 한 시간여나 늦게 도착했다. 나의 결례에도 윤석열은 내내 공손했다.

"감사의 마음을 전하려고 뵙자고 했습니다. 저로서는 박근혜 정부

3년이 수모와 치욕의 세월이었습니다. 한겨레신문이 지난 두 달 동안 끈질기게 추적하여 보도하는 걸 가슴 졸이며 지켜봤습니다. 한겨레 덕에 제가 명예를 되찾을 기회가 왔습니다. 고맙습니다."

박근혜 권력에 원한이 맺힌 한 사내가 고개를 꺾어 인사했다. 나에게 고맙다며 마련한 자리라니, 좋았으면 좋았지 다른 기분이 들 까닭이 없었다.

그런데 그 자리에서 윤석열의 진면목을 보고야 말았다. 얘기를 나누는 중에도 그의 전화가 불이 나도록 울려댔다. 후배 검사들인 것 같았다. 전화를 받는 그의 태도는 조금 전 나에게 보였던 공손함은 어디론가 내팽개치고 분위기가 급전했다.

"뭐라고? 알았어, 임마! 알았다니까!"

어디 뒷골목 사내들이나 쓸 법한 말투로 통화를 했다. 전화를 끊고는 자기도 좀 민망했던지 이렇게 둘러대는 것이었다.

"얘들이 말이죠, 다 저를 따르던 녀석들인데 그동안 연락 한 번 없었어요. 그런데 세상이 바뀌니 모임 한 번 하자고 성화입니다. 하, 이 자식들."

아마 그날 전화를 걸어댄 이들은 나중에 이른바 '윤석열 사단'으로 분류되는 검사들일 터이다. 윤석열은 권력을 좇는 그들의 해바라기 성향을 익히 알면서도, 자신의 권력 쟁취와 유지를 위해 그들의 기회주의적 속성을 이용하는 것이다. 「넘버 3」 같은 조폭 영화에서 익히 보아온 인간 군상이다.

두 번째 만남은 그 이듬해인 2017년 2월로 기억한다. 윤석열로부터 '소주 한 잔 하자'며 연락이 왔다. 이번엔 강남의 어느 한식집이었다.

첫 번째 만남이 정중했다면, 두 번째 만남은 유쾌했다. 자정이 넘도록 윤석열은 박근혜 수사에 얽힌 무용담을 펼쳐 보였다. '짜릿한 복수극'을 안주로 삼아 들이켜는 폭탄주. 잔을 돌리는 그의 손길이 점점 빨라졌다. 그날 나는 태어나서 가장 많은 술을 마셨고, 그 뒤 2박 3일 동안은 숙취로 끙끙 앓았다. 그가 '말술'임을 몸으로 확인한 자리였다.

윤석열은 또한 일인극 무대에 선 배우처럼 혼자서 내내 떠들었다. 현직 판사 두 사람도 함께한 자리였지만, 그들은 끼어들 틈이 없었다. 나 역시도 그랬다. 첫 만남에서 윤석열이 자신의 입을 최대한 자제했다는 걸 알 수 있었다.

이렇듯 말술과 더불어 끊임없이 이어지는 말은 내가 본 윤석열의 가장 두드러진 특성이다. 한때 그의 대선 캠프에서 대변인을 했던 이동훈 전 조선일보 논설위원이 그를 가리켜 "1시간이면 혼자서 59분을 얘기한다"라고 말한 적이 있다. 그를 만나본 사람이라면 누구나 금세 느낄 수 있을 습벽이다.

그래도 윤석열의 이런 점은 보는 사람에 따라 애교로 여길 수도 있겠다. 내가 그에게서 용납할 수 없는 것은 단연 그의 겉 다르고 속

윤석열 검찰총장은 자신이야말로 문재인 정부와 운명을 같이 할 수밖에 없고, 절대로 배신할 수 없는 사람이라고 강조했다.

다른 면모다.

윤석열이 검찰총장 후보 면접에서 '자신이야말로 문재인 정부와 운명을 같이 할 수밖에 없고, 절대로 배신할 수 없는 사람'이라고 강조한 건 당시 청와대에 있던 사람들이 많이들 알고 있다. 심지어 그는 '검찰 수사권 폐지가 맞다', '공수처 기능이 더 강화되어야 한다'라는 말까지 서슴없이 했다. 당시 그의 면접 기록은 현재 대통령기록관에 남아 있다고 한다.

나는 윤석열의 표리부동함을 한 검찰 간부의 입을 통해서도 들었다. 2019년 7월 25일, 청와대에서 윤석열 검찰총장이 임명장을 받은 날의 얘기다.

그날 윤석열은 문재인 대통령에게 그렇게 극진할 수가 없었다. 임명장을 받고 대통령과 대담하는 시간 내내 그랬다. 그리고 그날 저녁 강남의 한 음식점에서 그의 취임을 축하하는 자리가 마련되었다고 한다.

그곳에는 당연히 윤석열과 가까운 사람들이 모였다. 그는 조금 늦게 들어왔는데, 자리에 앉자마자 차마 입에 담지 못할 말을 했다고 한다.

"아니, 문재인이 거 ×× 아냐?"

그 자리에 있던 사람들이 모두 놀랐다. 그러지 않겠는가. 불과 몇 시간 전 자신에게 검찰총장 임명장을 수여한 임명권자를 향해 막말을 쏟아부었으니 말이다.

자초지종은 이랬다. 2017년 대선 때 문재인 후보는 박근혜 정부에서 소외된 검사 여러 명과 조용히 만났다. 문 후보는 그때 윤석열과도 인사를 나눴다. 하지만 문 후보는 그 검사들 가운데 좌장 격이었던 검사 출신 변호사와만 독대하기를 원했다.

나머지 검사들은 인사만 나누고 곧바로 자리에서 일어나 옆방으로 옮겨갔다. 상황이 그랬으니 문재인 대통령으로서는 그날 윤석열과의 만남이 별달리 기억에 남았을 리가 없었다. 그래서 임명장을 준 자리에서 "우리 처음 만나죠?"라고 말하며 악수를 나누었다.

윤석열은 그게 못마땅했던 모양이다. '어떻게 나를 기억하지 못하느냐'라는 것이다. 지독한 자기중심주의가 아닐 수 없다. 아니, 그는 임명권자에 대한 존중이라고는 애초에 손톱만치도 없는 안하무인이었다. 그걸 감추고 있었을 뿐이다.

그해 말, 청와대에 들어가 문재인 대통령을 만날 기회가 있었다. 윤석열의 검찰이 조국을 수사하는 단계를 넘어 울산 사건 등으로 수사를 확대하고 있을 무렵이다. 검찰은 청와대를 겨냥해서 치고 들어오는 중이었다.

나는 문재인 대통령을 만난 김에 내가 검찰 간부를 통해 들은 얘기를 했다. 윤석열이 했다는 말은 차마 그대로 옮기지 못했다. 그저 "입에 담지 못할 말입니다"라고만 표현했다. 대통령은 내 말을 듣고 믿기지 않는다는 투로 말했다.

"진짜 그랬답니까?"

언젠가 조국 전 장관은 윤석열에 대해 이렇게 평가한 적이 있다.

윤석열은 원래부터 '두 개의 혀'를 갖고 있다. 두 개의 혀 속에 일관된 것은 이익과 욕망이다.

인간 윤석열에 대한 가장 정확한 지적이라고 생각한다.

전투 의욕이 생기는 이유

2022년 대선 때, 나는 국민의힘 후보 윤석열을 볼 때마다 전두환이 연상되곤 했다. 여러 면에서 둘은 너무도 닮은 점이 많다. 내가 젊은 날에 전두환에 대해 그랬던 것처럼 윤석열에 대해 전투 의욕이 생기는 것은 그런 유사성 때문인지도 모르겠다.

지금도 윤석열이라는 인물을 연구할 때는, 나는 그에게 전두환이라는 역사적 경험의 잣대를 들이댄다. 나는 2021년 5월 18일의 페이스북에 이런 글을 썼다. 지금도 그때의 생각과 변함이 없으니 여기에 그대로 옮겨본다.

윤석열 전 검찰총장이 5·18을 언급하니, 젊은 시절 전두환 장군이 떠오른다. 30여 년이라는 나이 차이에도 둘의 모습은 많이 겹쳐 보인다.

1. 2단계 쿠데타

전두환 장군은 12·12와 5·17, 두 차례에 걸쳐 거사를 감행한다. 12·12로는 군부를, 5·17로는 전국을 장악했다. 2단계 쿠데타다. 12·12가 쿠데타였음을, 오랜 기간 많은 사람이 모르고 살았다.

12·12까지만 해도 전두환 장군이 '대권'을 꿈꾸지는 않은 듯하다. 그보다는 자신이 끔찍이도 사랑하는 '하나회'를 지키기 위해 정승화 육군참모총장에게 선공을 날렸다고 봐야 한다. 정승화가 하나회 해체에 나섰기 때문이다. 그리고 하나회 핵심인 전두환을 동해안경비사령관으로 내치려고 했다.

1980년 서울의 봄을 맞이하자 유신 세력은 두려움에 떨었다. 하지만 전두환 장군이 구세주처럼 나타났다. 환호했다. 전두환 장군도 '이왕 내친 김에!'라는 심정으로 큰 꿈을 꾼다. 슬금슬금 준비해 5·17 피의 학살을 감행한다. 세계 역사에서 유례가 없는 다단계 쿠데타다.

윤석열 총장의 시작도 조직을 방어하기 위해서다. 검찰의 권력에 조국 장관이 겁도 없이 개혁의 칼날을 들이대니 조국을 칠 수밖에 없었다. 특히 '사람에 충성하지는 않으나 조직은 대단히 사랑하는' 윤 총장이다. 먼저 칼을 뽑는 건 자연스러운 귀결로까지 보인다. 문재인 대통령에게 "조국만 도려내겠습니다"라고 보고했다고 하니, 당시만 해도 '역심'까지 품지는 않았던 것으로 보인다.

그러나 이명박, 박근혜 세력이 윤 총장을 '떠오르는 별'로 보기 시작한다. 윤 총장도 서초동 '조국 대첩'을 거치며 '어차피 호랑이 등에 탔구나' 싶었을 것이다. 이왕 내친김에 문재인 대통령을 향해 돌진한다. 울산시장선거 사건, 월성원전 사건 등이다. 명분을 축적한 뒤 '전역'을 하고는 본격적으로 대선판에 뛰어들었다.

2. 진짜 사나이

전두환 장군의 육사 졸업 성적은 126등이었다. 11기 졸업생이 156명이었으니 거의 바닥이다. 윤석열 총장은 9수 끝에 검사가 됐다. 그런데도 둘 다 조직의 우두머리가 됐다. 사람을 다스리는 재주가 있기 때문이다.

10년 전 연희동 사정을 잘 아는 사람한테 들은 얘기다. 12·12 쿠데타의 주역들은 친분이 돈독했다고 한다. 생일 때면 다들 연희동으로 모였다. 거의 한 달에 한 번꼴이다. 대부분 70~80대 할아버지들인데도 허리는 여전히 꼿꼿하고, 위계질서는 엄격하다. 당시 모임의 막내가 60대인데, 그는 생일 때면 케이크와 포도주를 준비해 오고, 미리 축사를 써 와 전두환의 지시에 따라 낭독식을 했다고 한다.

4년 전 박근혜 탄핵 무렵 검사 윤석열과 두 차례 술자리를 한 적이 있다. 한 번은 가볍게, 한 번은 찐하게. 검사 후배들로부터 전화가 계속 걸려왔다. "애들이 말이죠, 다 저를 따르던 녀석들인데 그동안 연락 한 번 없었어요. 그런데 세상이 바뀌니 모임 한 번 하자고 성화입니다. 하,

이 자식들."싫지 않은 표정이었다. 전화 건 이들은 아마도 '윤석열 사단'일 것이다. 앞에서 끌어주고 뒤에서 밀어주는 검찰의 의리. 그 실체가 뭔지 어렴풋이 짐작할 수 있었다.

3\. 조선일보의 지원

전두환 장군이 '별의 순간'을 포착하는 데는 조선일보의 도움이 컸다. 당시 조선일보 기사의 제목들이다. 영구박제돼 있다.

「육사의 혼이 키워낸 신념과 의지의 행동」

「이해관계 얽매이지 않고 남에게 주기 좋아하는 성격」

「운동이면 못 하는 것도 없고 생도 시절엔 축구부 주장까지…」

40년 뒤 이번에는 윤석열에게 '별의 순간'을 안기고 있다. 지난해 연말 1면에 윤석열을 언급한 기사를 찾아보니 16차례였다. 이틀에 한 번 꼴이다. 칼럼은 더 하다. 1980년 "무정부 상태의 광주. 바리케이드 뒤에는 총을 든 난동자들이 서성거린다"라고 전두환을 지지했던 김대중 사회부장은 지난해 연말 「윤석열을 주목한다」는 칼럼으로 대중의 시선을 모아 윤석열 총장에게 선사한다. 총장직 사퇴 직후에는 최재혁 사회부장이 「윤석열 현상」이라는 칼럼을 통해 '윤석열은 발광체가 아니라 반사체일 뿐이라는 평가절하에 대해' 반박한다.

40년 전 조선일보 방우영 사장은 전두환을 만나고 나서 "사람이 분명하고, 사나이다운 점이 있었다. 대장부구나 하는 첫인상을 받았다"라고 평했다. 현 방상훈 사장은 윤석열 검찰총장과 비밀회동을 한 사실이 뒤늦게 밝혀졌다. 그는 윤 총장을 어떻게 평가하고 있을까? 5·18 아침에 문득 궁금해진다.

윤석열과 전두환이 닮은 꼴이라는 점은 한동수 전 대검찰청 감찰부장의 증언에도 나온다. 2023년 10월 30일, 서울중앙지법에서 있었던 이른바 손준성 고발 사주 의혹 사건 재판에 그가 증인으로 출석했다. 당시 그는 "윤석열 검찰총장이 '만일 육사에 갔다면 쿠데타를 했을 것'이라고 말했다"라고 증언했다. 또한 그는 재판부에 제출한 법정 진술서에서도 이렇게 말한다.

이날(2020년 3월 19일) 총장의 호기 어린 다수의 말들은 야당 선거에 영향을 미치기 위한 모종의 공작이 진행되고 코로나 상황이 악화되는 등 4월 총선에서 야당이 승리하고, 검찰개혁 입법은 원점으로 돌아가고, 대권을 향한 자신의 입지가 무언가 생길 것을 기대하던 차에 나온 것이 아닐까 하는 생각이 들었다.

쿠데타라는 단어까지 사용한 것으로 보아 군대에 의한 무력 쿠데타가 아니라 검찰의 수사를 통한 쿠데타를 의식했던 것은 아닐까 하는 생각이 들었다.

나는 한동수와 일면식도 없는 사이지만, 그의 증언을 읽으면서 '사람 보는 눈은 다 비슷한 법이구나' 하는 걸 느꼈다.

김의겸이 꿈꾸는 군산

"청년의 도시,
미래가 있는 군산"

현재 군산시는 인구 26만 명 붕괴가 초읽기에 들어간 상태이다(2023년 10월 기준 260,407명, 출처: 행정안전부 주민등록인구통계). 군산시 자영업자의 폐업은 매년 4천여 곳을 넘어선다. 번화가의 상징이던 영동상가와 중앙로 일대에는 불 꺼진 가게가 즐비하다. 한국GM 군산공장의 폐쇄, 그리고 현대중공업 군산조선소의 가동 중단이 불러온 충격의 여파는 가라앉을 기미가 보이지 않는다. 그나마 기대를 걸었던 새만금 신항만 사업은 김제와 극심한 샅바 싸움을 하느라 군산이 지쳐가고 있다. 게다가 윤석열 정부는 2024년 새만금 예산을 형체도 없이 산산조각 냈다. 군산은 어디로 갈 것인가.

혁신은 소통에서 출발한다

 더는 미룰 수 없는 위기다. 그래도 희망을 버릴 수는 없다. 차분하지만 냉정하게 군산의 백년대계를 모색해야 한다. 혁신하지 않으면 군산의 미래는 없을 것이다. 이대로는 결국 소멸 도시로 편입될 운명으로 빨려들어갈 것이다.

 혁신革新이란 무엇인가? '낡은 것을 바꾸거나 고쳐서 아주 새롭게 한다'가 사전적 정의다. 군산의 혁신을 위해서는 새로운 사람들이 필요하다. 새롭게 지도력을 세워야 하고, 함께할 시민의 조직된 힘이 있어야 한다. 혁신에는 새로운 리더십이 필요하다.

 첫째는 소통 역량이다.
 국회의원이나 단체장의 소통 역량은 한 지역의 혁신 역량을 가늠하는 잣대가 된다. 세계 초일류기업인 구글의 경우 신입사원을 채용하는 제1의 기준으로 소통 능력을 꼽는다. 윤석열 정부의 불통은 대한민국의 미래를 과거로 후퇴시키고 있다. 마찬가지로 한 지역사회의 미래 역량 또한 소통 역량과 직결된다. 역시나 핵심은 기초단체장과 국회의원이라고 할 수 있다.

진정한 소통의 시작은 경청에서 시작된다. 시민의 얘기를 듣는 것부터 시작이다. 비록 불편한 소리일지라도 시민의 관점과 의견을 들어서 이해하고 수용해야 한다. 그런 경청의 과정에서 때로는 문제를 해결할 창의적인 아이디어를 찾아낼 수도 있다. 경청을 통한 소통이야말로 혁신 역량의 출발점이 되어야 한다.

둘째는 소통 조직이다.

최근 김관영 전라북도지사가 시행한 전라북도청 공무원들의 새로운 도전에 관한 이야기를 전해 들었다.

김 지사가 전라북도청에 부임한 2022년 가을, 공직자 승진에 대한 깜짝 아이디어를 발표했다. 서기관 승진 예정자들(전라북도청 팀장급)에게 전국 광역지자체에서 시행하는 우수사업을 벤치마킹하여 전라북도에 적용할 수 있는 실행계획서를 제출하게 했다. 그 결과 2024년 전라북도 사업으로 모두 200여 안이 채택되었다. 물론 벤치마킹한 사업으로만 승진이 된 건 아니겠지만, 공직사회는 해당 공무원의 승진에 적어도 공정한 기회가 주어진 것으로 받아들이고 있다.

벤치마킹한 사업의 성공 여부는 시간이 더 지나봐야 알게 되겠지만, 성과를 올리는 사람에게 승진 기회를 더 많이 주는 방식은 공정한 평가시스템을 정착시키는 계기가 되었다. 이러한 인사 혁신 방법은 올해도 시행 중이며, 여기서 더 나아가 해외의 우수사업을 벤치마킹하는 제안으로 확대되었다.

혁신을 위한 소통 조직은 이처럼 모든 사람에게 기회와 보상이 연결되어 부여되어야 한다. 그래야 공무원들이 신나게 일할 수 있다. 윗사람에게 아부하고, '누구에게 줄을 서야 승진이나 납품을 할 수 있을까'를 고민하는 지역사회에 혁신은 없다. 일하고 싶은 동력을 빼앗을 뿐이다.

또한 군산의 비전을 만들고 장기적인 계획을 수립하기 위해서는 산학이 함께 참여하는 거버넌스가 필요하다. 이를 위해 산학연관 조직을 실질적인 군산시의 싱크 탱크로 만들어야 한다.

산학연관 기관은 군산 지역의 기업, 민간단체, 대학교, 기업연구소, 공공기관, 군산시 등이 모두 참여하는 조직이어야 한다. 그리고 그 기관을 군산시의 용역이나 사업을 수행하는 하부조직으로 전락시키지 말고 독자적이며 장기적인 전략 추진 기구로 성장시켜 나가야 할 것이다.

셋째는 소통 내용이다.

먼저 군산의 산업 여건을 파악하고 그에 걸맞은 혁신 과제를 도출해야 한다. 최근 군산은 2차전지 특화단지로 지정되었고, 그에 따른 크고 작은 투자들이 밀려들고 있다. 윤석열 정부 들어 주춤하고 있지만, 군산은 태양광 사업과 풍력 사업을 중심으로 하는 RE100 사업의 시범지역으로 성장시킬 충분한 조건도 갖추고 있다.

군산은 이미 풍부한 해양수산 사업이 있고, 근대역사지구를 중심으로 한 문화관광 사업이 빠른 속도로 성장하고 있다. 군산이 가진 강점을 살리면서, 미래 시대의 성장동력 사업을 혁신 과제로 수립해야 한다. 재생에너지 종합실증단지, 자율차 실증기반, 해양무인시스템, 그리고 2022년에 우선협상대상자로 선정된 하이퍼튜브 종합시험센터와 우주항공 분야 등 미래 신산업까지 확대하여 종합적으로 군산의 미래를 준비해야 한다.

청년이 살고 싶은 도시

군산은 2015년부터 2023년 사이에 청년(20~39세) 인구가 73,204명에서 63,329명으로 약 1만여 명이 감소했다. 반면 65세 이상의 노령층 인구는 39,874명에서 51,429명으로 약 1만 1천여 명이 늘어났다. 소멸의 위험이 큰 도시가 겪는 문제다.

젊은 층이 지역을 떠나는 이유는 명확하다. 일자리 문제와 정주 여건 문제 때문이다. 굵직한 기업이 없어지고, 제조업 일자리가 많이 줄었으며, 그와 함께 서비스업도 동반하여 쇠퇴하였다. 현대중공업 군산조선소가 재가동했지만, 의미 있는 고용 조건 마련과는 거리가 있다. 최근에는 일자리와 거주 지역을 분리하는 경우가 많기 때문이다. 즉, 젊은 층 인구를 유입하려면 거주하기 좋은 여건을 갖추고, 청년에 대한 지원을 아끼지 말아야 한다.

우리나라는 의과대학보다 공과대학이 인기가 높은 초강대국 중국을 이웃으로 두고 있다. 그런데 우리나라는 OECD 국가 중 유일하게 창업보다 공무원을 더 꿈꾸는 나라다. 과거 1990년대까지만 해도 우리나라는 공무원이나 의과대학보다 공과대학을 더 선호했고, 창업을 꿈꾸는 청년들이 많은 나라였다. 이런 변화는 기초학문이나 창업으로는 미래가 보장되지 않는다는 인식에서 비롯되었다.

군산은 급격한 인구 유출과 산업생태계의 붕괴로 자영업과 중소기업이 직격탄을 맞았다. 군산시는 소비 형태를 바꾸는 아이디어(군산사랑상품권, 배달 앱, 동네 카페 등)로 경제위기 극복의 연착륙을 보여주었다. 그러나 이것만으로는 충분하지 않다. 경제혁신을 통한 새로운 재화 창출의 생산 모멘텀을 갈구하고 있다.

군산시가 추진하고 있는 전기차 클러스터와 신재생에너지 클러스터를 비롯한 중고자동차 수출복합단지 등에 기대를 걸었지만 아직은 뚜렷한 성과가 나오지 않고 있다. 운영을 둘러싼 잡음이 들려오기도 한다. 당장 어려운 기업들에 대한 지원도 단기 처방의 수준을 넘어서지 못하고 있어 안타까움을 주고 있다.

또 현재 군산시가 의욕적으로 추진하고 있는 청년창업 지원기관인 '청년뜰'과 사회적 경제 지원센터의 사업 예산은 초라하다. 2023년 청년뜰 예산은 8억 원 정도인데, 이마저도 인건비와 일반경상비를 제외하면 사실상 3억 원 정도만 쓸 수 있다. 사회적 경제 지원센터도 1

년 예산 3억 원에서 인건비와 경상비 외의 실질 사업비는 1억 원 정도에 지나지 않는다. 이 예산으로 청년창업 및 새로운 경제 시스템의 한 축인 사회적 경제 분야의 성장과 비전을 갖는다는 것은 연목구어緣木求魚나 다름없다.

스웨덴 남부에 있는 항구도시 말뫼Malmö의 혁신 사례는 우리 군산에 많은 교훈과 시사를 주고 있다. 그런데 말뫼 시의 성공에 대한 찬사는 많지만, 말뫼가 무엇을 혁신 아이콘으로 가져갔는지에 대한 면밀한 분석은 부족하다. 또 말뫼 시의 혁신 전략을 우리 식으로 바꾸는 전략에 대해서는 깊이 있는 분석을 찾아보기 힘들다.

말뫼 시는 우리 군산시와 여러모로 유사하다. 말뫼는 세계 최대의 조선업 중심 도시였고, 대표기업은 코쿰스Kockums였다. 조선산업이 쇠퇴하며 급기야 말뫼 시 인구는 24만 명에서 16만 명까지 줄고 급격하게 쇠락했다.

2002년 말뫼 시는 조선산업의 번영을 상징하던 코쿰스 크레인을 대한민국 울산의 현대중공업에 매각한 후 코쿰스 공장을 매입했다. 낡은 외벽과 골조만 남긴 채 코쿰스 공장 내부를 최신식으로 개조하여 2004년 창업지원센터를 열었다. 초창기엔 시가 100퍼센트 지원을 했지만, 현재는 운영비의 90퍼센트를 스타트업이 내는 회비로 충당할 만큼 견실해졌다.

말뫼 시에 터전을 잡은 청년 창업자들은 도시 곳곳에 녹지공간이 풍부하고 주거 단지와 교육환경 역시 뛰어나 자녀를 키우며 살기 좋다고 자랑한다. 말뫼 시의 도시발전전략국장은 말뫼의 성장 전략에 대해 이렇게 설명한다.

"우리는 과거 제조업 위기로 도시의 생존 자체가 위협받은 경험이 있기 때문에 무엇보다 지속 가능한 도시를 만드는 데 주력하고 있습니다. 아울러 기업 하기 좋은 환경만큼이나 좋은 학교, 극장, 공원 같은 문화 기반 시설을 짓는 데 지원을 아끼지 않습니다."

일자리와 인프라, 두 마리 토끼를 다 잡은 말뫼는 2014년 경제협력개발기구^{OECD}가 꼽은 가장 혁신적인 도시 4위에 올랐다.

스타트업을 성장시킨 말뫼의 또 다른 원동력은 말뫼가 크레인을 한국에 팔고 2002년에 세운 창업 인큐베이터 '밍크^{MINC}'다. 모르텐 웨브릭 밍크 대표의 말을 들어보자.

"스타트업을 키우는 것은 도시를 성장시키는, 느리지만 가장 확실한 방법입니다. 밍크에 입주한 70%가 창업에 성공하고, 그중 20%는 큰 성과를 거둡니다."

이처럼 창업 지원기관 밍크의 역할은 전쟁의 최일선에 나선 장수의 역할처럼 중요했다.

이 외에도 말뫼 시의 도시 개조사업이 성공한 요인은 많지만, 결론적으로 혁신의 주요 성과를 요약하면 크게 세 가지다.

첫째로, 단순 지원에 그치지 않고 중장기 전략에 기초한 장기 투자를 이끌어냈다.

둘째로, 대학의 산업적 연구 기능을 최대한 살렸다.

셋째로, 주거 문화와 복지와 교육 여건을 종합적으로 견인해냈다.

군산시청에 4급 서기관이 주도하는 청년국을 설치해서라도 청년들이 군산으로 몰려오게 해야 한다. 형식적이고 단기적인 사업으로는 청년들이 오고 싶은 군산을 만들기 어렵다. 책임지고 일할 수 있는 군산시의 적극적인 노력이 전제되었을 때 청년의 도시, 젊은 도시, 미래 도시로 탈바꿈이 가능할 것이다. 젊은 인재가 몰려오고, 미래의 희망이 보이는 군산을 만드는 원대한 계획을 수립해야 한다.

혁신기업 중심 도시의 비전

현대중공업 군산조선소 가동 중단(2017년 7월)과 한국GM 군산공장 폐쇄(2018년 5월)는 많은 시사점을 준다. 대기업에 의존적인 경제 구조만으로는 지역의 미래를 담보할 수 없다는 깨달음도 얻었다. 군산조선소 가동 중단과 한국GM 공장 폐쇄로 인한 피해를 줄이고 지역의 새로운 산업생태계를 조성하기 위해 2018년 4월 5일 문재인 정부는 군산을 고용위기지역과 산업위기대응특별지역으로 지정했다.

군산시는 지난 4년간 위기지역 지정을 통해 위기산업 지원, 대체·보완산업 육성, 근로자·실직자 지원, 소상공인·기업체 금융지원, 경제 기반 확충 등 68개 사업에 약 1조 8천억 원의 국비를 직·간접적으로 지원받은 바 있다.

군산시의 고용위기지역 지정은 2022년 12월 31일에, 산업위기대응특별지역은 2023년 4월 5일에 종료되었다. 그동안 전라북도와 군산시, 그리고 지역 상공인들의 노력을 통해 재연장까지 성사시키며 총 4년이라는 위기 지역 지원을 받아왔으나, 그러함에도 군산을 이전 시기로 되돌리지 못하고 있다.

고용·산업위기지역 지원이 끝난 후 군산 경제는 회복의 기미가 보이지 않고 있다. 그 사이 군산시 인구는 28만 명에서 26만 명으로 줄었고, 곧 26만 명 선이 무너질 것으로 예측된다. 자영업자의 폐업률도 전국 평균을 웃돌고, 군산이 차지하던 산업생산 유발도 현저히 떨어졌다.

당장 군산사랑상품권 발행 문제도 큰 난제가 될 것이다. 윤석열 정부가 지역화폐 예산을 전액 삭감하겠다고 발표했기 때문이다. 실제로 군산사랑상품권 발행 예산으로 국비 1천억 원 이상을 지원받아 왔고, 그 혜택은 시민에게 돌아갔다.

이런 직접 사업비뿐만이 아니다. 고용위기 지역에 지원되었던 고용유지지원금과 고용촉진장려금, 일자리안정자금, 고용지원센터 등이 직격탄을 맞을 것이다. 또 산업위기지역에 지원되었던 지역 내 협력업체, 소상공인 대상 대출만기 연장, 특별보증, 대출금리 인하와 각종 실질적인 재정 지원도 중단되는 것이다. 산업 체질을 전환하기 위한 군산형 일자리를 비롯해 특수목적 선진화단지, 중고자동차 수출복합단지 등의 추진 동력이 전혀 살아나지 않고 있다.

기업이 마음 놓고 일할 수 있는 지원 체계 구축이 시급하다. 군산시의 기업 지원은 아직도 비전문성을 탈피하지 못하고 있으며, 순환보직의 한계를 넘어서지 못하고 있다. 대기업에 의존했던 군산 경제의 문제점을 극복하기 위해 산업 체계의 혁신과 개편이 절대적으로 필요하다.

우선, 군산시 경제의 혁신을 주도할 수장을 부시장급으로 준비해 보자. '경제전담부시장' 정도로 통칭할 수 있겠다. 다만 현재 행안부 공무원 직제상 기초지방자치단체의 경우 최대 직급이 5급이라는 한계가 있지만, 이를 유연하게 해결할 방법은 충분히 찾을 수 있을 것이다.

둘째, 경제전담 통합 지원기관을 만들어야 한다. 군산시 경제부시장을 필두로 산업단지 지원국, R&D 연구전담교수, 경영자 네트워크, 상공회의소 등이 참여하여 운영 방법과 내용을 결정하고 장기적인 군산 경제의 로드맵을 만들어 추진한다면 지엽적이고 근시안적인 단기 처방을 넘어설 수 있을 것이다.

끝으로, 집토끼와 산토끼를 동시에 성장시키는 전략이 필요하다. 우리는 기업 유치에는 신경을 많이 쓰면서도 오랫동안 지역 현장에서 묵묵히 일해온 향토 기업들에는 정작 무관심한 경우를 종종 보게 된다. 신산업이나 새로 입주한 기업들에는 많은 혜택을 주면서도 과거부터 지역의 일자리와 생산을 담당해왔던 토착 기업들에 대한 지원에는 인색했던 것이 사실이다. 집토끼는 집토끼대로 지속 성장을 할 수 있도록 지원 체계를 수립하고, 새로운 기업들은 군산의 새로운 식구로서 환대할 수 있는 전략적인 접근이 필요하다.

최근 새만금 2차전지 특화단지 지정은 군산에 큰 기대를 주고 있다. 특화단지를 기반으로 글로벌 2차전지 핵심 소재 공급기지와 국내 2차전지 밸류체인을 완성하기 위한 새만금 트라이포트(공항, 항만, 철도) 등 SOC 사업의 차질 없는 진행, 향후 2차전지 특화단지 확장을 위해 재생에너지 발전단지와 그린수소 생산 클러스터 등과 연계한 CF100·RE100의 실현, 2차전지 특성에 맞는 폐수처리장과 전력공급망 등의 기반 확대의 장기적인 접근과 전략을 세운다면 군산에 새로운 신산업 생태계가 만들어질 것이다.

다시 오고 싶은 군산을 위하여

고향 군산에 돌아와서 관광객이 참 많아졌다는 걸 자주 느꼈다. 빵집 이성당 앞에는 아직도 노란 봉투를 들고 나오려는 사람들로 줄이 길게 늘어서 있고, 유명한 짬뽕 가게에 가서도 줄을 서서 번호표를 뽑아야만 먹을 수 있는 진기한 풍경을 보았다. 그래도 아직 군산 시민에게는 군산이 관광도시라는 자부심이 부족해보인다. 군산을 방문한 사람들이 오랫동안 머물 수 있는 관광 여건이 충분치 않기 때문일 것이다.

군산시청 홈페이지에 나와 있는 관광객 현황 통계를 보자. 최근 3년 동안 군산의 관광지별 관광객 방문 현황을 보면 몇 가지 흥미로운 결과를 예측할 수 있다. 근대역사박물관과 선유도의 경우에는 관광객의 방문 빈도가 낮아지고 있는데, 경암동 철길마을은 방문자 수가 꾸준히 늘고 있다.

군산근대역사박물관을 비롯하여 영화동·월명동의 먹거리 거리와 약간의 체험 공간 정도로는 머물고 싶은 매력적인 관광지가 되기 어렵다. 반면에 경암동 철길마을은 특별한 예산을 들이지 않고 화려하지도 않지만 코로나 시기(2020~2022년)에도 매해 10% 이상 방문자가 늘어났다.

덧붙여, 월명동에 가면 신흥동 말랭이마을이 있다. 동네 주민들이 말랭이마을을 떠나지 않고 옛날 마을 체험 공간을 만들었고, 손수 빚은 막걸리도 한잔할 수 있는 소소한 재미가 있는 곳이다. 처음에는 거들떠보지도 않던 신흥동 말랭이마을이 요즘 들어 생기가 도는 모습을 볼 수 있다.

관광은 관광객의 눈높이에 맞춰야 한다. 관광객이 군산에 방문하는 것은 자기가 사는 동네에서는 맛볼 수 없는 색다른 체험을 할 수 있기 때문이다. 그럴싸한 간판이나 멋진 건물들은 서울에 가면 더 많이 볼 수 있다. 군산만의 멋을 만들어 가야 한다.

근대역사지구와 고군산 해양 문화를 이어주는 큰 흐름의 관광 전략이 필요하다. 구체적인 실행계획을 세우기 위해서는 더 많은 전문가와 시민의 의견을 모아가야겠지만, 고군산군도의 멋진 자연환경과 해양레저를 함께 즐길 방안을 모색하는 것이 일차적일 것이다.

제5차 국토종합계획 2020~2040(국토교통부, 2019년)을 보면 전라북도의 대표도시 군산을 해양 문화생태 관광지의 융복합 모델로 제시한 바 있다. 특히 고군산군도는 섬이 오밀조밀하고 서해안 낙조를 직접 볼 수 있으면서 자연생태계가 잘 보존된 곳이다. 이러한 강점을 잘 살려나가는 것이 중요하다.

그러나 2017년 12월 선유도를 잇는 다리가 개통되면서 관광객이 한꺼번에 유입되었으나, 불과 2~3년 만에 관광객 감소 현상이 나타나고 있다. 중요한 것은 지속 가능한 관광을 기본으로 하면서 관광 포인트를 하나의 거점에서 다변화시키는 것이다. 또한 이야깃거리를 다양하게 만들어내야 하고, 지속가능한 관광을 위해 자연환경도 보존해야 한다.

요즘 세계적으로 부상하는 새로운 관광 트렌드는 관광객을 무한정 확대하지 않는 것이다. 고군산군도의 자연환경을 보존하기 위해서 관광객의 자동차 출입을 통제하는 방안을 고민해야 할 때다. 신시도 주변에 대형 주차장을 만들고 모노레일로 섬 투어를 하면 어떨까. 자동차의 통행을 줄이고 관광의 품격을 높여서 그 자체가 관광상품이 된다면, 지속 가능한 관광의 새로운 모델을 만들지 않을까 전망해 본다.

끝으로 관광에서 먹거리는 매우 중요한 요소다. 해망동과 비응항에 수산물을 사러 오는 관광인구를 늘리는 방안을 적극적으로 모색해야 한다. 군산은 수산 도시였다. 한때 안강망어선이 300척이 넘을 때도 있었다. 군산 내항에 출항했던 어선들이 들어오면 사람과 돈이 흥청거릴 정도로 시내는 시끌벅적했었다. 수산업은 군산 경제의 바퀴로서 현금이 돌게 하는 중요한 생산 기반이었다. 그러나 지금 군산의 수산업 실적은 초라하다. 군산 사람들이 이웃 서천의 특화시장으로 생선을 사러 가는 기현상이 발생한 지 오래되었다.

과거 부흥했던 군산의 수산업을 발전시켜야 한다. 바다목장의 활성화, 새만금 개발로 영향을 받은 수산자원의 복원을 위한 중장기적인 투자, 비응항과 해망동이 경쟁하는 방식의 수산물센터가 아니라 서로의 특성을 살리면서 상생하는 수산시장으로 발전을 도모해야 한다. 부산의 자갈치시장 못지않게 군산의 수산업을 부흥시켜 관광에도 한몫할 수 있기를 기대해본다.

정치의 본질은 먹고사는 문제의 해결에 있다

기나긴 중국 역사에서 태평성대를 하나 꼽으라면 단연 '요순 시대'일 것이다. 요임금과 순임금이 황하강의 고질적인 치수治水 문제를 해결하였고, 농경문화의 근본을 바꾸어 먹고사는 문제에 대해 획기적인 진전을 이루었기 때문이다.

수천 년 전 요순 시대가 지금도 언급되는 것을 보면, 정치의 기능은 단지 물질문명의 수준이나 양적 잣대로만 결정되지 않음을 알 수 있다. 오늘날 우리나라 중산층 정도의 경제 수준이면 봉건시대의 왕족과 비슷하게 먹고산다는 얘기도 있다. 그러나 아직도 대부분의 사람들이 과거 온갖 기근과 질병에 시달렸던 조선시대 사람들보다 먹고사는 문제에 더 집착하는 경향성이 있다고 사회심리학자들은 말하고 있다.

그러나 MZ세대로 불리는 청년들의 경우에는 노동, 가정, 사회를 보는 관점이 기성세대와 큰 차이를 보인다. 특히 삶의 질에 대한 인식에서 그렇다. 이를테면 돈을 적게 벌더라도 노동의 강도가 낮은 편을 좋아한다. 주말에는 짧은 여행이라도 할 수 있는 직장을 원한다.

경제 발전이나 정치 개혁의 근본 목적은 결국 국민이 행복해지기 위해서다. 정치인의 유일한 목적은 국민의 행복을 위해 노력하는 데 있다. 어떤 방식으로 경제를 발전시키고, 공정한 정치 문화를 이룩하며, 사회에서 뒤처진 사람들과 공존하기 위한 제도를 만들어낼 것인가. 이런 고민들은 국민 행복을 위한 노력의 일환이다.

그러므로 국민 행복을 위해 정치인이 바로 서야 한다. 정치인의 가장 큰 덕목은 청렴과 정의, 그리고 유능함에 있다. 일찍이 다산 정약용 선생도 공직자의 청렴을 가장 중요한 덕목으로 꼽았다. 나도 이 덕목을 늘 되새기며, 군산을 창의적이고 희망이 있는 도시로 들썩들썩하게 만들고 싶다. 공무원이 즐겁게 일하는 가운데 시민을 섬기게 하며, 30만 시민의 지혜를 모아 '누구나 행복한 군산'으로 도약하기 위해 함께 뛰겠다.

[사진 출처]
75쪽 경향신문
99쪽 민주화운동기념사업회
111, 117, 195, 203, 212, 231, 251쪽 연합뉴스
159, 175, 184, 257쪽 뉴시스
267쪽 김봉규

김의겸의 단심

1판 1쇄 펴낸날 2023년 12월 5일

지은이　김의겸

펴낸이　하연수
만든이　최창욱(편집), 장원석(디자인), 김민수(자문)
펴낸곳　기획출판 거름
주소　　55101 전라북도 전주시 완산구 서학로 55-2(동서학동)
전화　　063-283-2122
팩스　　0303-3443-5008
이메일　keorum1@naver.com
출판등록 제7-11호(1979년 6월 28일)

ISBN　　978-89-340-0413-4　03810

- 책값은 뒤표지에 있습니다.
- 잘못 만들어진 책은 구입하신 곳에서 바꾸어 드립니다.
- 이 책은 저작권법에 따라 보호받는 저작물이므로 무단 전재와 무단 복제를 금합니다.